JN086108

コロナの時代の暮らしのヒント

Takashi Iba
井庭 崇

晶文社

装丁　佐藤直樹＋菊地昌隆（アジール）
イラスト　原澤香織

はじめに

今、新型コロナウィルス感染症（COVID－19）の影響で、社会全体に、そして一人ひとりの暮らしに大きな影響が出ています。

世界の誰もが、体験したことのない大変な状況にいきなり投げ込まれ、先行きも見えないなかで、ストレスや不安を抱えながら暮らしています。

仕事や学びのやり方は変更を余儀なくされ、家のなかで過ごす時間が圧倒的に増えています。

それでも、**なんとかうまくやって、この難局を乗り越えていく**しかありません。**各自が創意工夫し試行錯誤しながら、自分たちのよりよい暮らし・働き方・学び方をつくっていく**しかないのです。

☆　☆　☆

このような状況のなか、僕は一人の研究者として、また教育者として、自分に何ができるかを考えました。

そう考えるなかで、僕がこれまでに研究で見出してきたもの・学んだこと・得た成果が多くの方々の役に立つかもしれない、と思い始めました。

というのは、僕は、**一人ひとりが持っている「日常的な創造性」を日々の暮らしや仕事のなかで発揮することを支援する研究**をしているからです。

その支援の方法として、**いろいろな分野で、仕事や教育、暮らしをうまく実践するコツ・秘訣をつかみ、それをわかりやすい言葉にして共有する**ということをしています。

詳しくは踏み込みませんが、専門用語では「パターン・ランゲージ」と呼ばれる方法です。うまく実践している人たちの考え方ややり方の「型」（**パターン**）を言語（**ランゲージ**）化する――コツ・秘訣を表す**言葉**をつくる――というものです。そのようなコツ・秘訣を表す**言葉**があると、各自が自分で考えやすくなったり、ほかの人にわかりやすく伝えたりできるようになるのです。

このような研究をしていると、物事に取り組むコツ・秘訣には、その分野で活かせるだけでなく、ほかの多くの分野・物事にも通じる**本質的な知恵**が含まれていると感じます。

そして、それらのなかには**今の大変な状況での暮らしにも役立つ知恵**が多く含まれている、と気づいたのです。

それらの知恵をわかりやすくまとめて紹介しよう――こうして、本書が生まれました。

本書では、**いろいろな分野の研究で見出されてきた知恵を、今の状況に役立てやすいように紹介していきます**。

たとえば、「認知症とともによりよく生きる」ためのコツ・秘訣は、今の状況に合わせて読み替えれば、今のような「不自由なこともあるけれど、そのなかでも、日々の生活をよりよく生きる」ためのコツ・秘訣として、役立てることができます。

また、「学校の先生の教え方」のコツ・秘訣が、「家庭での子育てや学習支援」に役立ったり、「ビジネスにおける企画」のコツ・秘訣が、「週末の家族での過ごし方を考える」のに役立ったりします。

このような**読み替えと応用**が可能なのは、偶然ではありません。

僕たちがコツ・秘訣をまとめるときに、少し抽象化して**本質**を捉え、物事の考え方や取り組み方として**普遍性**《ふへんせい》**のある知恵**として抽出しているからなのです。

そのようなわけで、**本書は、いろいろな分野で見出されたコツ・秘訣を集めた「コラージュ」**（いろいろな素材を組みあわせた表現）になっています。

本書を読んでいくと、それぞれのコツ・秘訣を紹介するカードのイラストのキャラクターやテイストが異なっているのに気づくはずです。

それは、いろいろな研究成果の作品からコラージュ的につくられているからです。

いろいろな分野で得られた知恵から、今の状況を少しでも幸せに生き抜くためのヒントを得る――そのような感覚で、本書をお読みいただければと思います（もとの研究成果の作品の情報については、巻末にまとめてありますので、そちらも併せてご覧ください）。

☆　☆　☆

本書で紹介する**今の大変な状況のなかでの暮らしをよりよくしていくヒントは、どれも、シンプルで簡単**なものばかりです。

お子さんがいる家庭にも、一人暮らしの方にも役立つものたちです。

全部で**三二個のヒント**が収録されていますが、**どれから読んでも構いません**。

もちろん、前から順に読んでいただいてもよいですが、目次を見たり、パラパラめくって眺めたりして、気になるものから読んでいただくのでも構いません。

読んで、**「いいな」と思うものがあったら、実際に自分でもやってみてください**。

そして、**周囲の人にも教えてあげてください**。

みんな、同じように大変な日々を過ごしています。

だからこそ、**みんなでこの難局をうまく乗り越えていきましょう。**

みなさんが本書を手にするころ、どのような社会状況になっているのかは、これを書いている時点ではわかりません。

できれば、リスク・心配のない状況になっていればベストですが、おそらくは——残念ながら——多かれ少なかれ不自由な生活がまだ続いているのではないかと思います。

どのようなレベルの社会状況であれ、本書が、少しでもみなさんの暮らしをよりよくするための参考になれば幸いです（なお、本書の内容は、コロナ収束後でもずっと活かしていくことができるものになっています）。

「そんな時期があったねぇ」とみんなで思い返すことができる日が、少しでも早く来ることを祈りながら。

二〇二〇年八月
横浜の自宅の書斎にて

井庭 崇

コロナの時代の暮らしのヒント　目次

1

いつもと違う日々を《新しい旅》だと捉え、素敵で思い出深い日々にしていく

新型コロナウィルスの感染拡大の状況のなか、いつもと違う生活を余儀なくされたり、やりたかったことができなくなったりしています。

「こんなの嫌だな」と考えていても、状況は何も変わりません。

自分たちの捉え方・姿勢を柔軟《じゅうなん》に変えて、この日々を生きていくしかないのです。

▼

そこで、**生活を大きく変えるからこそ実現できる「新しい旅」が始まったのだと捉えるようにしてみます。**

在宅勤務や学校の休校・短縮で、家にいる時間が長くなり、家族で過ごす時間も増えているでしょう。

家にいる時間が増えると、家でできることが増えるものです。

本格的に片付け・掃除をしたり、これまではあまりしなかった料理をしてみたり、読めずに置いてあった本を読んだり、好きな音楽を聴きながら仕事や勉強をすることもできます。

家族と一緒にいる時間が増えると、これまで以上にお互いのことをわかりあえるかもしれません。

あるいは、いつも以上に協力しあって一緒に暮らしをつくっていくことになるかもしれません。

この未知なる日々は、暮らしの上での**《新しい旅》**（A New Journey）が始まったようなものなのです。

「**旅**」では、普段とは異なることが起きるものです。いつもと違う不便さもあります。

でも、**旅は、とびきり素敵な体験や、思い出深い経験にもなり得ます。**

その旅がどういうものになるのかは、自分（たち）次第なのです。

よい旅をするには、**《旅の仲間》とともに、予想外のことやアクシデントにもうまく対処し、むしろそれ自体も楽しんでしまうくらいの気持ちが大切**です。

新しい旅
ともに生きる、新しい旅がはじまる。

旅の仲間
仲間がいれば元気に進める。

そして、いつか、もとの場所に戻ってきたときには、旅をする前とは異なる、成長した自分になっていて、**《旅の仲間》**ともより強い絆で結ばれていることになるでしょう。

▼

そういうふうに、**今の「いつもと違う生活」を一種の《新しい旅》だと捉えてみる**ことで、これから過ごす時間は、**何かを失った時間ではなく、これまで得られなかったものを得て、これまでなかったものをつくっていく時間**であるということに気づきます。

そして、その**かけがえのない時間をどのように生きるのかは、自分たち次第**なのだと思えるようになります。

どうでしょうか？

今の暮らしを、**《新しい旅》**だと捉えると、少しワクワクしてきませんか？

《新しい旅》《旅の仲間》…『旅のことば』より

2

《ポジティブな割り切り》で、
ストレスを溜め込まない

在宅で仕事をしていたり、子どもが家にいる時間が増えたりすると、すべてのことをこれまで通り、きちんとするということは難しくなります。

そういうとき、「もっときちんとしたいのに」と思えば思うほど、ストレスが溜まってしまい、自己嫌悪に陥ってしまうかもしれません。

そうしてイライラしていると、家のなかの雰囲気が悪くなり、うまくいかないことも増え、悪循環になってしまいます。


そこで、**こういうときは大切なことができていれば、ほかのことはあとまわしになってもよいと「割り切る」**ことが重要になります。

たとえば、洗い物がたまっていても、「**今日は子どもとたくさん遊ぶことができてよかった**」というように考えます。

洗濯ができなかったし、家のなかも散らかったままだけれども、「**今日は仕事をたくさん進められたのでよかった**」と考えるのです。

毎日、その日のうちにすべてをやり切ろうとするのではなく、**数日単位で（あるいは一週間**

単位で）うまくまわればよいとポジティブに割り切って考えるのです。

▼

そうすると、無理をしすぎずに**自分なりのベストを尽くして一日を終える**ことができます。

「完璧にしなければ」という強迫観念から解放されることで、**気持ちにゆとり**もできます。

今のこの状況は、**長期戦**です。

短距離走ではなく、マラソンのようなものだと考える方がよいでしょう。

トータルに見てうまくいくように、気持ちを切り替えることが大切なのです。

《ポジティブな割り切り》をしながら、ストレスを溜め込まずに過ごしていきましょう！

ポジティブな割り切り
がんばりすぎず、
時には割り切ることも大切だ。

《ポジティブな割り切り》…『日々の世界のつくりかた』より

3

《備蓄の普段使い》で、
賞味期限内のものに置き換えていく

どの家庭にも、非常時に備えた長期保存可能な食糧の蓄えがあると思います。缶詰やラーメン、乾パン、即席のご飯、小麦粉、水などなど。

大地震などの災害を想定しての蓄えだと思いますが、感染拡大の状況によっては、食糧の供給が一時的にストップしたり、買い物に行くのが難しくなったりする可能性がゼロではないので、今の状況でもある程度あると安心です。

でも、ふと見てみると、賞味期限が大幅に切れていた！　なんてことはよくあることです。「だいぶ長い間持つから」と買っておいたカップラーメンの賞味期限が切れていることに驚いたり、缶詰の賞味期限が数年前に切れていたことに愕然としたりということが、わが家では何度もありました。

非常時のための備蓄は普段目につかないところに置くことが多く、しかも「備え」として普段は使わないようにしているので、そのようなことが起きてしまうのです。

しかし、賞味期限の切れた食糧を保管していても備蓄の意味がないですし、捨てざるを得なくなると、実にもったいないですよね。

▼

そこで、**備蓄と同じ種類の保存食糧を適宜補充しながら、古いものから使っていく**というようにします。

たとえば、缶詰を五個買い、同種の缶詰を五個使うというようにすれば、**絶えず新しいものに置き換えられ、賞味期限が切れていない状態を保つ**ことができます。

かっこよくいうならば、「**動的平衡**《どうてきへいこう》」みたいな仕組みです（生物学者の福岡伸一さんがよく、生命の特徴としておっしゃっていますね）。

このことをきちんと実践するために、わが家では最近、**保存食糧のパントリー棚の段を、賞味期限の年で分ける**ようにしました。

そうすると、**一番上の段の、賞味期限が早く来るものから食べていけばよい**ので、とてもわかりやすくなりました。

そして、「この種類のものが減ってきたな」と思ったら、同種のものを買って、下段（賞味期限の年が遠いものの段）に置くのです。

このような工夫をすることで、使おうと思う度に、すべての缶詰を取り出して日付を確認しながら最も古いものを探す、ということをしなくて済むようになりました。

▼

このようにして、**絶えず賞味期限内のものを備蓄する動的な仕組みをつくる**ことができます。

この機会に、**《備蓄の普段使い》をしながら新しさをうまく保っていく仕組みを構築する**のはいかがでしょうか。

《備蓄の普段使い》…『サバイバル・ランゲージ』より

備蓄の普段使い
普段から備蓄を利用し補充していけば、
いざというときにも安心。
WATER

4

《ゆるやかなつながり》も大切にする

最近、オンライン・ミーティングが増えてきましたが、リアルからオンラインに移行したときに失われたのは、エレベーターや廊下ですれ違ったときにちょっと話をするとか、会議の前後に雑談をするとか、ご飯を食べながらおしゃべりをするというような機会でしょう。

▼

そこで、**真面目に話す時間以外に、ゆるやかなつながりを持ち、それとなくほかのメンバーの状況を知ることができる工夫をします。**

在宅勤務が始まってから、**朝一の時間や、ランチタイム、終業前の時間に、遠隔でつないで、何気ない会話・雑談をする**ようにしている会社もあるようです。

また、**オンライン飲み会**もしばしば行われるようになりました。

それぞれ自分の家から参加して、好きなものを飲んで食べて、楽しく会話して。家で飲んでいるので、飲んだあとに電車に乗って帰るなんてこともないので、普通の飲み会よりも楽かもしれない、と僕は感じています。

ほかにも、わが家では二週間ごとに、夕飯時にそれぞれの実家とつないで、三拠点の「オンライン宴会」をしています。

「オンライン飲み会をしよう」と言うと、年配の方はちょっと躊躇《ちゅうちょ》するかもしれないと思い、最初は、ビデオLINE《ライン》通話で**「みんなでつないで、乾杯しよう」**と声をかけました。

「乾杯〜！」と言ったあとも、話は自然に続いていき、気づいたら二、三時間経っていました。

「今日は何を食べているの？」とか「最近このあたりは……」という話をしたり、子どもがワーワー騒いでいるのを微笑ましく眺めたりと、**目的も落とし所もない、何気ない会話**です。

誰も話さない時間があってても気にしません。

もぐもぐ食べている時間もあったりしてよいのです。テーブルがただ拡張されただけですから。

何度か、ビデオLINE通話でやったあとは、Zoom《ズーム》でつなぐことを提案し、そちらに移行しました。

最初からアプリのインストールがあったりしてハードルが高いと、気持ち的に大変なので、まずはやりやすいところから始め、徐々に、本格化していくのがおすすめです。

ほかにも、**ツイッターやフェイスブックなどで非同期にゆるやかにつながる**こともできます。

実際、大学の僕のゼミ（井庭研）では、ここ十数年、学生と積極的にツイッターやフェイスブックでつながるようにしてきました。

学生たちの「つぶやき」は、日常で起きたことやその感想、授業のこと、サークルのこと、笑える失敗、悩み、ぼやき、好きなアイドルやアーティストの話、体の調子についてなど、いろいろです。それらはたいてい、わざわざ直接話したり聞いたりしないことばかり。

そういうことをそれとなく知っているというのは結構重要で、ちょっと手を差し伸べたり、相談に乗ったり、好みを知って話が盛り上がったりできます。

そういう《**ゆるやかなつながり**》は、**心的な距離を縮めたり、よい関係性を築くことにつながったり、強い絆《きずな》を生んだり**します。

気持ちのシンクロも起きやすくもなります。

ゆるやかなつながり
それとなく仲間の状況を知ることで、
いつもどこかで通じ合う。

また、いろいろな機会に出会った人で、「この人とは、いつか何か一緒にやるかもしれないな」と思うような人とは、フェイスブックでつながるようにしています。

そうすると、わざわざ連絡をとらなくても、お互いに、なんとなく近況がわかります。

そして、相手の興味やこちらの動向などがシンクロする「ここぞ」というタイミングが来たら、こちらから連絡をしたり、向こうから連絡が来たりします。

そうやって、**ゆるやかにつながりながら、ちょうどよい頃あいに何か新たなことが起きてくる**――そういう、必然とも偶然とも言えない出来事が生まれ得る状態をつくっておくのです。

どういうふうにつながるのがよいのかを考えて、自分たちなりの**《ゆるやかなつながり》のつくりかた**を模索してみましょう。

《ゆるやかなつながり》…『コラボレーション・パターン』より

5

《学びの主人公》である子どもを サポートする名脇役になる

家で子どもに何かを教えるということが増えたのではないでしょうか。

生活に関することであれば多少は慣れていますが、勉強のことになるとなかなか大変ですよね。

つい、一生懸命になり、こちらが教えてやらせるということに子どもを付きあわせているというような感じになっていないでしょうか？

そういうとき、「なんでそんな態度なの？　やる気あるの？」「私だってやることがあるなかでこんなにやってあげているのに、あなたがそんな感じじゃ意味ないでしょ！」とイライラして怒りがこみ上げてくるのも仕方ありません。

親といえども、子どもに教えるということに必ずしも長《た》けているわけではありません。

しかも、子どもも親が相手だと甘えてしまいやすいですし、家には誘惑も多く、やる気が起きにくいのも無理はありません。

しかし、学校でもそうなのですが、「教える先生」と「それを受ける生徒」という関係になってしまうと、子どもは受動的になって主体性を失ってしまい、やらされている気持ちが強くなってしまいます。

そこで、**子どもが学びの中心の「主人公」**であり、**自分はそれを支える「脇役」**であるということを**きちんと伝え、**実際に**そうなるようにサポートしていきます。**

物語には、主人公だけでなく、脇役も登場します。
主人公の活動を周囲で支えるのが脇役の役目です。
家庭内での子どもの学びの支援も、同様です。
主人公である子どもが学ぶのを、「名脇役」としてサポートするのです。

たとえば、今日やるべき宿題を「やらせる」という感じではなく、子ども自身が「自分がやるんだ」という自覚を持てるように話しあい、「私も、それを手伝うよ」というふうに、

学びの主人公
一人ひとりが、
学び続ける人生の主人公である。

関係性を明確にします。

いまやる気が起きないのであれば、**どうしたらその気持ちを転換できるのか・自分がやる気になるのか**を話しあっていきます。

子どもが「自分はどうすべきか」を考えられるように、対話的にサポートするのです。

もし、「少し遊んでから、やる」ということであれば、子どもが自分で「いつまで」と時間を**決めるのをサポート**します。

あまりに長い時間遊ぶというようなら、「それだと、今日中に終わらないんじゃないかな。それぞれどのくらい時間がかかりそうか考えてみようよ」というような**アドバイス**をします。

そういうやりとりをしながら、**自分で決めるように促す**のです。

そして、「自分で決めたことだから、ちゃんとそうしようね」というふうにしていきます。

こうやって自分の気持ちと向きあい、自分でやることができるように支えていきます。

このように、**親が提供すべきなのは**、「何をどうやってやるか」という（親なりの）「答え」ではなく、**本人が《自分で決める経験》の機会**なのです。

◀

そうすると、徐々に、**子どもの主体性が育《はぐく》まれていきます**。

自分で考え、自分で動くことができるようになってくるのです。


とはいっても、相手は子ども。

うまくできる日もあれば、うまくできない日もあります。

自分の方も感情的になってしまうことだって、ときにはあるでしょう。

主体性や習慣は一朝一夕《いっちょういっせき》に身につけることはできないため、こちらの忍耐と継続性も大切になります。

自分で決める経験
結果は、自分で変えることができる。

このやり方にしばらく慣れてくると、子ども自身が変わっていき、関わり方も変わってきます。**自分で考える癖、自分で考える力がついてくる**からです。

まだまだ家での学習は続きそうです。

この機会に、家庭での少人数だからこそできる「アクティブ・ラーニング」を実現してしまいましょう。

能動的に主体的に学ぶ力をつける絶好のチャンスかもしれませんよ。

《学びの主人公》《自分で決める経験》…『アクティブ・ラーニング支援パターン』より

6

情報を得たら《でどころチェック》を心がけ、しっかり《自分で考える》ようにする

世のなかの状況・動向を知り情報を得るために、以前よりも、ネット上の記事をよく見るようになったのではないでしょうか。

ツイッターやフェイスブックなど、SNS上でも、いろいろな情報が流れてきます。

そのなかには、自分に役立つものもあれば、びっくりするような内容のものもあります。

気をつけなければならないのは、そのすべての情報が「正しい」わけではないということです。

なかには、とにかく多くの人に読んでもらおうと、衝撃《しょうげき》的な目立つタイトルをつけたり、強い書き方をしたりして、大袈裟《おおげさ》だったり、歪んでしまったりしているものがあります。

あるいは、政治的意図や利益誘導のために、反発心や恐怖心を煽《あお》るようなものもあります。

もっともらしく見えるものが、実はフェイクニュースだということもしばしばあります。

そういうものをそのまま信じてしまうと、正しい判断ができなくなってしまいます。

また、それを周囲に広めてしまうと、ほかの人にも悪影響を及ぼしてしまいます。

◀

そこで、**自分が得た情報がどこから来たものなのかをきちんと確認し、それを踏まえて理解するようにします。**

誰・どこが発信している情報なのか、その大もとの情報源はどこなのか、ということを意識的にチェックするのです。

それは事実を書いたものではなく、誰かの解釈・考えを書いたものかもしれません。あるいは、ある特定の意図や利益をもつ団体や個人が、特殊な角度から書いたものかもしれません。

もしかしたら、誰かの想像・予想で書いているに過ぎないかもしれません。

そういうものを「事実」だと思い込まないように、きちんと、**どういうタイプの情報なのかを見極めるようにするのです。**

もちろん、今挙げたような情報に、まったく価値がないとは言えません。

「こういうとき誰々はこう解釈するのか」とか、「こういう立場からはこういう発信がなされるよな」とか、「なるほどたしかにそういう面だってありそうだ」と、**世のなかを立体的・多面的に理解するひとつの参考情報としては有用**だからです。

いずれにしても、そのように活用するにしても、その**情報の「でどころ」をチェックすることは欠かせません。**

ニュース記事などを読んだときに、重要な情報であれば、政府発表や会見内容、大もとのウェブサイト、論文など、**もとの情報にもあたる**とよいでしょう。

さらに、ひとつのサイトで読むだけでなく、**いくつかのメディアにあたって確認する**ことも重要です。

海外からの発信は、重要なものは**もとの言語のソースも読む**ことで、翻訳上の間違いやニュアンスのズレを確かめることができます。

こうして、なるべくよりよい情報を得るように、心がけるのです。

そして、より確からしい情報を踏まえて、**今はどういう状況なのか、これからどうすべきなのか**ということを、しっかり《**自分で考える**》ようにします。

周囲の人や、世のなかの多くの人が、誤った情報を信じていたり、あまり考えずになんとなく行動してしまったりしている可能性もあります。

世のなかの雰囲気や周囲の言動に流されずに《**自分で考える**》ことは、今、本当に大切です。

自分で考えて、自分の行動を決める。

それは、自分の身を守り、家族を守るだけでなく、その先の社会や人々を守るということにもつながります。

そうやって**《でどころチェック》**と**《自分で考える》**ことを心がけていると、怪しい情報を避けながら、**よりよい情報をもとに意思決定を行う**ことができるようになります。

残念ながら、テレビで言われているから信じられる、新聞で書かれているから正しい、と

でどころチェック
その情報は誰かの解釈にすぎないのではないか?

自分で考える
「なぜ?」という気持ちを忘れない。

は必ずしも言えない時代にあります——それは今に始まったことではなく、マスメディアというものは、もともとそういう面があるものなのですけれども。

自分でしっかり情報のルーツを辿り、その情報の確からしさ・信憑性《しんぴょうせい》を調べ、状況判断や今後の行動を自分でしっかり考える——日頃から、このような姿勢をもつことを大切にしましょう。

《でどころチェック》…『探究パターン』より
《自分で決める》…『ラーニング・パターン』より

7

自宅に、世界で一番ワクワクする《自分の本棚》をつくる

《なじみの本屋》に足を運び、**《本の散策》**をする時間は、なんとも言えない贅沢《ぜいたく》な時間です。

知恵や物語が詰まっている本たちの**表紙や背表紙を眺め**、気になるものを手に取ってパラパラ見たり、少し読んでみたり。

立ち読みの醍醐味《だいごみ》は、この、きちんと読み込むわけではなく、気軽な感じで本を開き、ふれあうということです。

でも、今年は、本屋さんに長居して過ごすというのは、少し難しいかもしれません。

▼

そこで、**自分が気になる本・いいなと思う本は買っておき、家の自分の本棚に揃《そろ》えていきます**。

そうやってつくった本棚は、**自分にとって、世界で一番ワクワクする本棚**になるはずです。

自分が選んだ本――**自分選書！**――ばかりがそこに並んでいるので、ワクワクしないわけがありません。

そして、その本棚の前で「立ち読み」をするのです。

誰にも気を遣わず、**自分の本棚の前で好きなだけ立ち読みをする**。最高ですね。

もちろん、必ずしも「立っている」必要はなく、ソファーや椅子に座り、珈琲を飲みながら、ゆったりと本を開くというのもよいでしょう。

一日に、二〇分でも三〇分でも、そんな時間が取れたら、素敵ですよね。

僕の研究室の学生が、**《自分の本棚》**の写真を送ってくれました。

この本棚、自分がワクワクする本を、本屋さんや雰囲気のよいライブラリでよくやられているように、**《とっておきの場所》**に「面置き」で置いている、というところがよいですね。

僕は、研究・教育・執筆という仕事柄、大量の本を持っています。

なじみの本屋
自分に合うセレクションの
本屋さんに通う。
BOOK

本の散策
森の木のようにずらりと並ぶ
本の世界を歩いて味わう

ある学生の本棚

書斎の本棚

自宅の書斎には、ざっと数えて二千冊くらいの本があります。

本に囲まれて暮らしているというような状況です。

これが、僕の書斎の本棚の一部です（このほかに本棚が五個あります）。

本が収納しきれないので、一段あたり前後二列で配置しています。

大学の研究室には、これよりももっと多くの本があります。数えたことはないのですが、数万冊はありそうです。

研究室にいらした方々は、たいてい、「うわぁ、すごい数の本ですね。これ全部読んだのですか？」と聞かれます。

そう聞きたい気持ちはわかります。なにしろすごい量ですから。

あれだけ読んだのならすごいことだな、と思うのは当然でしょう。

自分の本棚
自分だけの本の生態系を育てる。

とっておきの場所
自分が心からワクワクする本は、
日頃から目につきやすいように飾る。

でも、答えは「Ｎｏ《ノー》」です。

本棚にあるのは、読み終わった本ではありません。

「一部は読んで重要だから置いてある本ですが、多くの本は、これから読みたいと思っている本ですね。だから、多くの本は、まだ読んでいないということになります」

そうなのです、**これから読む本だからこそ、本棚に置いておく**のです。

もし既に読んで内容を知っているなら、もはや手元に置いておく必要はないのかもしれません。

「はあ、そういうものですか……」

予想と違う答えに、ちょっとがっかりされたかもしれません。

でも、僕はここにこそ、**本好きの本棚の極意《ごくい》**があると思うのです。

自分だけのセレクションの本棚をつくり、それを育てていく。

本棚は、読み終えた本を並べて保管するだけの場所ではありません。

これから読む本や、いずれ読みたいと思っている本を並べておくことで、**それらの本といつでも出会うことができるようにする**ための場所なのです。

そうやってつくられる本棚は、**自分の世界観が宿る唯一無二の場所**になります。

僕は、「積読《つんどく》」という考えはあまりよくないな、と思っています。

読書のTo《トゥー》 Do《ドゥー》リストみたいな感じで、強迫的だからです。

読みたい本、読むべき本はあっという間に積み上がり、それを次々に消化しなければならないと急《せ》かされ、落ち着かない気持ちになります。

読書が苦手な人の多くは、「積読」をして、ますます本を読むのが嫌になってしまうということがあるようです。

なので、そんな「積読」という考えは、やめた方がよいと僕は思っています。

その代わりに、**《自分の本棚》を充実していくという発想**に切り替えるのです。

そういう発想の方が素敵だと思いませんか？

きちんと自分の目に届く範囲にあり、しかるべき時期が来たら、あるいはその気持ちが湧いたら、その本は読まれることになるでしょう。

本棚にある本は、大きく構えてそこに存在しているので、積読のように、早く読めとは急かしてきません。

本の居場所をつくってあげるだけで、**本との付きあい方が変わります**し、本を眺めたり読んだりするのが**楽しくなります**。

家に、**自分が気に入った本たちの住処《すみか》をつくり、その環境・生態系を育てていく――自分がセレクションした本が並ぶ、世界でひとつだけの本棚。**

いつもよりも家での時間が多い今だからこそ、**《自分の本棚》**をつくり、育ててみませんか？

《自分の本棚》《なじみの本屋》《本の散策》《とっておきの場所》

…『Life with Reading――読書の秘訣』より

8

家族が《まねぶことから》始められるように教える

子どもに勉強を教えたり、家族の誰かと家事を分担して、そのやり方を教えたりすることがあるかもしれません。

そういうときに意識するとよいのは、**新しいことを学ぶときには、まずは真似て学ぶことから始まる**ということです。

「まなぶ」という言葉と「真似《まね》る」という言葉は、ともに**「まねぶ」**という言葉が語源だったと言われています。

このことからもわかるように、**「真似《まね》る」ことと「学《まな》ぶ」ことは、ごく近い関係にある**のです。

たとえば、子どもが算数で、ある新しい概念を学んでいるとしましょう。

そういうとき、説明を読んだだけで練習問題を解こうとしても、たいていは子どもはやり方がわからないものです。

何をどうしてよいのかまったくわからず、何もできないということが多いでしょう。

そういうときに、いくら時間をとって待っていても、問題が解けるようにはなりませんし、勉強をする気持ちも削《そ》がれてしまうでしょう。

▶

そこで、**真似できるように具体的にやり方を示したり、やってみせたりする**ようにします。

そうすると、子どもは、真似をしてやってみることができます。ただ停止しているのではなく、手を動かし、頭を動かすことができるようになるのです。


「**真似をする**」なんて意味がないのではないか、と思う方もいるかもしれません。大丈夫です。とても大きな意味があります。


そういう過程を経なければ、新しいことを学ぶということは起こり得ないのです。

そのことを研究で明らかにしたのが、学びに関する研究者レフ・ヴィゴツキーです。

彼は、若くして病気で亡くなってしまいましたが、非常に多才で、数多くの概念・理論を生んだ研究者で、「心理学のモーツァルト」と言われています。

ヴィゴツキーは、学びは、その人が今わかる・できることよりも遠いところでは起きないと指摘しました。

逆に言えば、**人は、教えてもらったりサポートしてもらったりしてできるようなことの範囲においてしか学ぶことはできない**のです。

これまでは、「真似」（模倣）というのは、どちらかと言えば、悪いことだと教えられてきたと思います。「人真似」とか、「模倣品」とか。

しかし、実際には、**真似をするということが、学びの入口**なのです。

ですから、真似をするということの意義を捉え直しましょう。

《まねぶことから》始めることで、**真似ているうちに、自分でできるようになっていく**のです。

このように、真似をすることは学びの過程でとても大切なのです。

だからこそ、**具体的にやり方を示すということは、何かを学ぶ上での最初の段階で不可欠**なものだということになります。

今紹介したヴィゴツキーの考え・理論は、僕の『クリエイティブ・ラーニング――創造社会の学びと教育』という本で詳しく解説していますので、興味がある人は読んでみてください。

▼

最初は「見よう見真似」でやっていても、徐々に自分でできるようになっていきます。

わかってくると、ただ真似するのではなくて、自分でやってみたくなるのが人間です。

そうやってテイクオフ（離陸）していきますから、安心してください。

でも、**最初は、わかる人・できる人の具体的なサポートが必要**なのです。

このことは、子どもだけではなく、**大人にも当てはまります。**

家族に料理を教えたり、家事のやり方を教えたり、というときにも、**いきなり任せてもうまくいきません。**

こうやるのだということを実際に示して、それを**真似できるようにする**のです。

人は、言われたことではなく、**自分の経験によって学んでいく**ものです。

真似できるように教えるということは、**「実際にやってみる機会」を生み出している**ことになります。

教える人がすべきことは、単なる情報・知識の提供ではなく、**学び手が経験できる機会をつくり出すこと**なのです。

そういうわけで、何かを教えるときには、**《まねぶことから》始められるように教えること**を心がけましょう。

手本を見せて、真似してもらい、どんどんできることを増やすサポートをしていきます。できることが増えると、可能性が広がりますよ！

《まねぶことから》…『ラーニング・パターン』より

9

《わくわく実行委員会》を立ち上げて、
楽しい企画を実行しちゃおう！

以前のようには、遊びに行ったり、友達と飲みに行ったり、旅行に行ったりということが難しい状況です。

そうなるとどうしても、いつものメンバーでいつものことと、マンネリ化しがちです。

しかも、このような状況がいつまで続くのか不透明なので、閉塞感《へいそくかん》も大きいでしょう。

▼

そこで、このような状況だからこそ、**いろいろな人を巻き込みながら日常に彩りを添える楽しい企画を仕掛けてみます**。

普段離れて暮らしている家族や親戚、友達に連絡をして、**何か楽しいことをしようと持ちかけてみます**。

前に紹介したように、実家の親とつなぐ遠隔飲み会というのもよいでしょう。

友達や同僚とは、すでにオンライン飲み会の経験をしているかもしれません。

でも、僕が先日参加した飲み会は、格別でした。

それは、どういうものだったかというと……

なんと、**焚《た》き火の映像を共有して、それを見ながら、キャンプのときのように話すという**
オンライン飲み会です。

焚き火はちょっとハードルが高いな……と思った人がいるかもしれません。大丈夫です。
実際に参加者の誰かが焚き火をしているわけではないのです。
最近は実に便利なもので、ＹｏｕＴｕｂｅ《ユーチューブ》に焚き火の映像がアップされています。しかも、
何時間もの長い映像が。

「YouTube」「焚き火」で検索してみてください。いくつか出てくると思います。
そういう焚き火の映像をＺｏｏｍで画面共有すれば、みんなで同じ焚き火を見ながら語り
あうことができます。

パチパチ、パチパチ――木が燃える音を聴きながら。
参加者が自分の部屋を暗くすると、とても雰囲気が出ます。
部屋が暗いと、お互いに顔がほとんど見えないのですが、パソコンの画面の光でたまに少
しだけ見える。
そんな感じが、**本当に夜に焚き火を囲んでいるような雰囲気**を醸し出します。

ともに https://www.youtube.com/watch?v=pW4VVZ-ljbw の映像を共有中

とても落ち着いて語りあえましたし、とてもよい時間をみんなで過ごしました。

最近、相手の顔をしっかり見ながらの遠隔ミーティングばかりで、少し疲れますよね。リアルなミーティング以上に、相手の顔を見ている気がします。

でも、**本当は僕らが話しやすいのは**、こんなふうに**焚き火を見ているとき**や、**ドライブしているとき、海を見ているとき、カウンター席で横に並んでいるとき**などではないでしょうか。

決して、真正面で面と向かって話すときではないはずです。

だからこそ、交流のための場では、真面目なミーティングの設定ではなく、場を演出してしまおうという企画が素敵で、ワクワクします。


このときの経験を、フェイスブックやツイッターで投稿したら、みなさんからたくさんの反響をいただきました。

「早速やってみる！」という人や、「やってみた」とそのときの画像をアップする人。ちょっとしたブームのようになりました。

そういうふうに、「わ、これ、やってみたい！　やろう、やろう！」と、友達・同僚と盛り上がるということが、**《わくわく実行委員会》**の始まりです。

こんなふうに、**オンラインでのつながり方も工夫次第で、素敵な思い出深い体験にすることができます。**


《わくわく実行委員会》では、ほかにも体を動かすような企画もよいでしょう。

家にいると、どうしても運動不足になりがちですよね。

そこで、真面目に運動するのもよいですが、**楽しく体を動かす**のはどうでしょうか？

ＹｏｕＴｕｂｅに上がっている体を動かすための動画なんかも、楽しいですよ。

そういうのって、子ども騙しに見えて、やってみると大人が一番大変なんですよね。

ラジオ体操も、子どものときには「これ、どんな意味があるのかな？」と思っていたと思います。

でも、大人になってやってみると、結構きつい。

それと同じです。

この動画に合わせて動きを真似してみると、**子どもは大はしゃぎで、大人は結構体を動かす絶好の機会**になります。

こういうのを、**家族みんなでやったり、親戚・友人に紹介したり。**

「**みんなで朝やろう**」なんて声をかけて、**ラジオ体操の時間のように、体を動かす企画**をするのも、**《わくわく実行委員会》**のひとつです。

別に、朝のその時間に、Ｚｏｏｍなどでつながなくたって、それぞれの家でやっていると思うだけで楽しいものです。

このように、家族・親戚・友人などと、**わくわくする企画について話すコミュニケーション**をとると、**気持ちが明るく**なってきます。

そして、**一緒に企画する**ことで、離れていても**一体感を感じる**こともできます。

そして何よりも、その準備の時間や、実際にやっているとき、**素敵な時間を過ごす**ことができます。

わくわく実行委員会
ふだん一緒にいない家族・親戚と
一緒に仕掛ける楽しい企画。

ぜひ、みなさんも、**《わくわく実行委員会》**を立ち上げ、楽しい時間をお過ごしください。

《わくわく実行委員会》…『旅のことば』より

10

《わが家専門家》として、
必要な情報を取捨選択し、
《自分たちのスタイル》をつくっていく

新型コロナウィルスやその対策についてのニュース、感染者に関する最新情報、テレワークや教育・子育てについての情報、オンライン技術の話題など、日々、いろいろな情報が入ってきます。

状況の変化についていき、対応するため、これまで以上に多くの情報を得て、いろいろなことについて調べていると思います。

そのなかには、自分たちの家族や暮らしに合わないものもあるでしょう。

そういうものまで取り入れたら、自分たちの暮らしがむしろ不安定になったり、苦しくなったりする可能性があります。

▼

そこで、**よさそうだからと、すべてを取り入れようとするのではなく、自分たちの状況や性格に合ったものだけを取り入れるようにします。**

それ以外のことは、取り入れずに流せばよいのです。

どんなに正しいこと・よいことでも、自分や家族の状況や性格に合わないものは、必ずしも取り入れる必要はないでしょう。

その情報やアドバイスを発信している人は、自分や家族のことをよく知りません。

自分や家族のことを知っているのは、自分たちの方なのです。

その情報の内容に関しては相手が専門家かもしれませんが、こちらは《**わが家《や》専門家**》です。

それゆえ、（わが家についての）専門家として、**わが家に適した情報を適切に取り入れるようにするのです。**

もちろん、自分たちに合わないものであっても、そこで言わんとしていることは大切だと思い、共感するものもあるかもしれません。

方向性としてはよくても、そこで提案されている具体的方法が自分たちには合わないとい

わが家専門家
自分たちのことは、
自分たちが誰よりも知っている。

うことも、しばしばあります。

そういうときは、**《それをやらない代わりに》自分たちは何をするのか**を考えるようにします。

目指すことを実現する、**自分たちなりのやり方**を考えるのです。

そうすることで、そこで言われていることを、**自分たちに合う方法で実践する**ことができます。

このようにして、**《自分たちのスタイル》**をつくっていくのです。

本書で紹介していることも、そうです。自分たちに合うものだけを取り入れるとよいでしょう。

この後の章で、庭でのアウトドア・ディナーの例が出てきますが、マンション住まいの場合には、庭ではなく、**《それをやらない代わりに》**どこでやるのか、ということを考えます。

ベランダや、室内の窓際でやるなど、アレンジします。

あるいは、ディナーで工夫するのではなく、**《それをやらない代わりに》**どこで工夫するのか。

そういうことを考えていけば、**具体的なところが自分に合わない情報でも、役に立てるこ**

とができます。

結局のところ、情報を発信してくれている人は、読み手のためと思って書いていても、読者一人ひとりの個別具体的な状況はわからないのです。

そのため、多くの人にわかってもらうための例や、自分の例を紹介しているに過ぎません。

だからこそ、自分は《**わが家専門家**》なのだ、と自信をもって、**自分たちに合うものを選んだり別の合った方法を考えたりする**ことが大切なのです。

自分たちのスタイル
世界に一つだけのかたち。

《わが家専門家》…『旅のことば』より
《自分たちのスタイル》…『日々の世界のつくりかた』より
《それをやらない代わりに》…『感性科学マーケティング・パターン』より

11

いろんな野菜を《家で育てる》ことで、
身近な自然を味わう暮らしをつくる

海に行ったり、山に行ったり、川で遊んだりと、大自然のなかで過ごすと、気持ちが浄化され、人間も自然の一部だと実感します。

でも今年は、そういう大自然のある場所に遊びに行くのは、難しいかもしれません。

そうだとすると、自然に触れるということは、あきらめるしかないのでしょうか？

▼

いや、あきらめる必要はありません。

もっと身近に、**小さな自然を持ち、その自然に触れる**という手があります。

庭やベランダで野菜を育て、それを通じて自然とのつながりをつくるのです。

「家庭菜園」というと庭をイメージするかもしれませんが、ベランダのプランター（植木鉢）でも十分に育てられます。

土だって、培養土《ばいようど》が袋詰めで売られているので、大丈夫。

苗や肥料、培養土は、園芸店やホームセンターで売っていますし、アマゾンや楽天などオンラインでも売っています。

僕の経験から、まずおすすめなのは、種からではなく、**苗から育てる**ということです。種からの場合は時間がかかり、またたくさん撒《ま》いて間引く、というような作業が伴います。苗なら、植えたい位置にずばり植えられますし、何よりもすでにそこまで育っているので**安定して育てやすい**のです。

僕はいつも園芸店で（そして、たまにホームセンターでも）買っているのですが、そういうところでは、そのときどきに植えるべき苗が並んでいます。だから、そのとき売られているもののなかで、育ててみたいな、と思う苗を買って帰ればよいのです。

難しい知識や事前知識は必要ありません。

家で育てる
料理をつくるだけでなく、
素材からつくってみる。

土と肥料をまぜ、苗を植え、水をあげれば育ちます。ごくシンプルで簡単な話です。ちょっと検索するだけで、時期や育て方についても簡単に知ることができます。

もうひとつ僕のおすすめは、**いろんな種類の野菜を並行して育ててみる**ということです。もちろん、スペースとの兼ねあいはありますけれども。

いろいろな種類を育てるメリットは、**日々、いろいろな変化を味わうことができる**ということです。

昨日はこちらの芽が出て、今日はあちらの花が咲いた、というように。

完全に自給自足するとか、つくったものを売ろうとする場合には、同種類のものをたくさんつくる必要がありますが、個人で楽しむ目的であれば、一株ずつ何種類も育てる、というほうが圧倒的に楽しいのです。

僕はここ何年も、年間四〇〜五〇種類の野菜・果物を育ててきました。

参考までに、今年の前半に、僕が育てたものは、こんな感じです。

ミニトマト、なす、ピーマン、えだまめ、スナップえんどう、きゅうり、ゴーヤ、オクラ、サニーレタス、グリーンリーフ・レタス、白菜、ブロッコリー、わけぎ、ねぎ、エシャロッ

ト、パセリ、パクチー、ローズマリー、バジル、春菊、みつば、しそ、えごま、しいたけ、みょうが、いちご、スイカ、メロン、パイナップルなどです。
このほか、果樹としては、ブルーベリー、ブラックベリー、ゆず、温州みかん、きんかんも育てています。

何を植えようか迷ったら、春から夏にかけては、個人的におすすめなのは、**ミニトマト、なす、ピーマン**です。**簡単に安定して育ち、夏にはたくさん収穫**できて、楽しいからです。

冬から春にかけては、**サニーレタス**や**グリーンリーフ・レタス**がおすすめです。

結球するレタスと違い、葉をむしって収穫しても、何度も何度もまた葉がでてきます。

つまり、**根と茎と小さな葉を残しておけば、何度でも食べることができます**。

わが家では、サニーレタスが育ってくると、夕飯を焼肉にして、巻いて食べることにしています。

また、**わけぎ、しそ、パセリ、パクチー、バジル**などもおすすめです。

これらは、料理で必要な時に少しずつ欲しくなるものですが、欲しい時に冷蔵庫に無かったりしますし、わざわざ買うと高いですよね。

だから、**いつでも収穫できる手近にあると便利**なのです。

野菜を育て始めたら、**毎朝、水をあげます**。

畑ではそんなにこまめに水をあげないものなのですが、プランターなどでは畑のようには環境が万全ではないので、僕はほぼ毎朝水をあげるようにしています（夏は朝夕）。

特にプランターは、暑くなってくるとあっという間に土が乾いてしまうので、毎日あげる方がよいと思います。

水をあげながら、ぼーっとそれを眺めている時間は、とても**マインドフルネスを感じる素敵な時間**です。

朝の外の空気を吸いながら、**ゆったりとした心持ちで一日をスタートさせることができます**。

しかも、あちこちで**小さなかわいい変化が見つかる**でしょう。

「ブロッコリーの花って、こんなに小さな黄色い花なんだ！」とか、「わけぎが、だいぶ太くなってきたから、食べどきかな♪」とか。

雨の日は、雨の水を浴びているなら、自分であげる必要はありません。

雨の日は憂鬱《ゆううつ》なものですが、日頃植物に水をあげていると、「おお、今日は雨か。朝の水やりは無しだな」ということで、少し解放感があり、プラ・マイ・ゼロ（プラス・マイナス・ゼロ）な感じになるのも、面白い感覚です。

一人で育てるのでも、とても豊かな時間になりますが、**子どもと一緒に育てる**のも、**食育や自然との関わりの素晴らしい機会**になります。

スーパーのパックや八百屋の店頭に並んでいる状態からではなく、**こうやって育って、こんなふうに実がなって、採れたてだとこんなに新鮮でこんなにおいしいんだ**と、**体感的に学ぶ**ことができます。

また、茎や葉はこんな感じで、こんな花が咲くんだ、ということを感じ、そういうところまで味わうのも**豊かな経験**です。

また、自分で育てている野菜がある程度あると、万が一、食糧の供給が一時的にストップしてしまったとしても安心です。

こんなによいことずくめですから、**いろんな野菜を《家で育てる》**ことは、ぜひおすすめしたいことです。

今のこんな状況だからこそ、**家族で身近な自然を愛《め》でることを始める**よい機会かもしれま

せん。

《家で育てる》…『クッキング・パターン』より

12

物事は《なるべくシンプル》にし、
《子どもと一緒に》取り組んだり
《先回りの準備》をしたりして、
時間と心に《余裕をつくる》

家族との過ごし方や仕事の仕方が、以前と大きく変わったのではないでしょうか。

在宅勤務になったり、家で授業を受けたり勉強したり。

これまでであれば、その時々にいる場所でモードが切り替えられ、その場にいる人との関係のなかで物事を進めていけばよかったのですが、今は違います。場を共有していれば何気ないやりとりで済んでいたことも、遠隔であるために、オンラインでわざわざ設定する「予定」になり、そういう予定で一日の多くの時間が埋まってしまいがちです。

しかも、急いで対応しなければならないことが、突然割り込んできたりもします。自由に動き回れるわけではないなか、気になることややるべきことが山積みになっていて、精神的に圧迫してきます。

生活と仕事の両方のことが、複雑にこんがらがってほどけないほどです。

そのようななかでも、家族や仲間の誰かが体調を崩したり精神的に不調をきたしたり、何か予想していなかった問題が起きたりするかもしれません。

そうなると、対応やフォローをしようとすると、ほかのすべてのことが回らなくなってしまいます。

そこで、**予定や方針はできる限り複雑にしないように注意し、シンプルになるように心がけます。**

どうしようかなと**迷ったときは、シンプルな方を選びます。**

複雑だけど気になるものというのは魅力的な場合が多いのですが、シンプルでないということは、うまくいかない可能性があります。

その複雑なことは、考えるときも、状況をセットアップするときも、実践するときも、多く意識を向けなければならず負荷が高いのです。

また、複雑であるということは、もしかしたら自分の「こうしたい」という思いや意図が

強く入り込んでいて、不自然に複雑なかたちになってしまっている可能性もあるでしょう。

自然の摂理としては、**物事は理にかなっていれば、単純で理路《りろ》整然《せいぜん》としている**ものです。

人間の世界では、心理的な影響や社会的な影響で複雑なものを考えることが可能であるため、不自然に複雑なものも生まれてしまいます。

そう考えれば、**シンプルな方を選ぶ**というのは、決して「逃げ」ではなく、今の状況のなかで**自然な流れに乗る**ための最適な戦略だということができるでしょう。


身の回りをシンプルにしていくための方法は、**シンプルな方を選ぶ**ということだけではありません。

もうひとつ重要なのは、**やることを減らして《余裕をつくる》**ということです。

全部必要なのだから、減らすことなんてできない！

そう思うかもしれません。

もちろん、今、不必要なことは、ほとんどして（できて）いませんよね。

だから、単に、やっていることをやらなくする、というのではありません。

ちょっと工夫をするのです。

まず、**やっていることをいくつか重ねあわせて実行する**と、一度に二つや三つのことを達成することができます。

たとえば、**《子どもと一緒に》**料理をする、**《子どもと一緒に》**散歩に行くなどです。

「子どもとの時間」を取った上で、それとは別に「料理の時間」や「散歩の時間」をそれぞれ取るというのは、それだけ多くの時間が必要になります。

でも、「子どもとの時間」と「料理の時間」を**重ねると、トータルでかかる時間を減らすことができます**。

その時間は、子どもと一緒に過ごす時間であるとともに、食事の準備もでき、もしかしたら、子どもに料理を教える時間にもなるかもしれません。

子どもと散歩に出かければ、自分も子どもも体を動かすことになるとともに、一緒に開放

余裕をつくる
思い切って省く勇気を持つ。

子どもと一緒に
一緒に取り組むと、
家事も家族との時間になる。

感に浸り、道端に咲くきれいな花を見つけて、それについて話したりできるでしょう。

まさに**一石二鳥**、場合によっては、**一石三鳥以上**になるのです。

しかも、そういう時間は、それ自体が**思い出になるような素敵な時間**になるでしょう。

これが、自分がやることを《**子どもと一緒に**》やることで、重ねあわせて《**余裕をつくる**》という工夫です。

ほかにも、《**先回りの準備**》をすることによって、取り組むタイミングを重ねあわせて《**余裕をつくる**》という工夫もできます。

たとえば、わかりやすいのは、料理での《**先回りの準備**》です。

料理をしているときに、そのときに食べる分だけでなく、少し先の分も一緒につくり、冷凍したりして、《**先回りの準備**》をしておくのです。

また、冷凍食品や冷凍食材を適宜使うというのも、料理の時間と手間を省くのに役立ちます。

あとは、**買い物のタイミングに合わせて、食事の準備を軽減する**こともできます。

わが家では、回数を減らして、週に一度だけ買い物に行くようにしているのですが、買い物に行った日は、お刺身やお惣菜を買ったり、各自が自分で巻いて食べる方式の手巻き寿司の日にしたりするようにしています。

買い物に出かけた分、一日のなかでの使える時間が減ってしまうので、夕食の準備時間を短くするというのは合理的です。

しかも、手巻き寿司は、自分で好きなものを巻いて食べるということで、子どもたちにも大人気です。ひとつのイベント感もあって、ワイワイと楽しい時間になります。

以上のような料理の工夫は、日頃から実践している人は多いのではないでしょうか。

このような**日頃のちょっとした工夫を、いまこそ最大限に活用すべき**なのです。

新しい状況についていくことで精一杯な日々ではありますが、待っていても、その状況を

bitter
white

誰かが変えてくれるわけではありません。

自分で少しずつ工夫しながら、余裕をつくり、変えていくしかありません。

さて、今日・明日やることで、重ねあわせてシンプルにできるのはどこでしょうか？

まずは、そこから。ひとつずつ試していきましょう。

▼

こうして、時間と心に余裕ができると、休憩時間をきちんと取って体を休めることができたり、精神的にいっぱいいっぱいにならないようにできたりします。

その結果、新しいことにも挑戦する元気が湧いてくるでしょう。

そうなれば、新しいステージへと進化する可能性が開かれます。

複雑なことを解きほぐしてシンプルにしていく、ということは、単に整理するということではなく、**新たな可能性へと移行する**ためのステップでもあるのです。

《なるべくシンプル》《子どもと一緒に》《先回りの準備》…『日々の世界のつくりかた』より

《余裕をつくる》…『アクティブ・ラーニング支援パターン』より

13

どの未来が来ても大丈夫なように、
《未来を織り込む》

新型コロナウィルスの感染リスクがある状況がいつまで続くのか、先行きは不透明です。治療法やワクチンが開発されるのに一年から数年かかるという予想や、そういうものができないのではないかという話もあり、いつ収束するかは誰にもわからない状況です。

そのようななか、人の動きの流れが大きく変わり、飲食店や会社で、経営上の大きな打撃を受けているところは少なくありません。

数週間の一時的な変化であればなんとか凌《しの》げるとしても、一、二年持ち堪《こた》えられるかどうかは別次元の話になります。相当に厳しいと言わざるを得ません。

特に日本では政策・施策が小刻みなので、最初「短距離走」のような気持ちで臨んでいた人も多いかもしれません。

しかし、時間が経つにつれて、実際は「長距離走」だったんだということを、ますます痛感するようになっているという感じではないでしょうか。

長距離のマラソンには、マラソンなりのやり方、ペース配分、心持ちがあります。

今をなんとかやり過ごすとともに、先も見据えた意思決定や行動も必要になってくるのです。

そこで、**これから数年の間にどのような変化があり得るのか、そのあり得る「未来シナリオ」をイメージし、そのどれが起きても乗り切れるような方針・やり方を考えるようにします。**

「未来」というものは、「未《ま》だ来ていない」ので、確かなことはわかりません。

特に今は、先行きが不透明で予想がつかないという実感が強いでしょう。

だからといって、今、未来について考えるのをやめてしまうと、あとで大変な事態に陥ってしまう可能性があります。

では、どうしたらよいのでしょうか？

このとき、参考になるのが、「**シナリオ・プランニング**」の考え方です。

これは組織経営のための手法なのですが、一九七〇年代にロイヤル・ダッチ・シェルという石油会社が、オイルショックに対してそれが起きる前から対処できていたということで、有名になりました。

シナリオ・プランニングの方法を用いて、オイルショックのような事態が起きる可能性を織り込んで経営をしていたため、危機に対応できたのです。

未来について考えるとき、人はたいてい、予測し、「当てよう」とします。

そして、実際にそれが当たったかどうかを気にします。

でも、シナリオ・プランニングはちょっと違います。


いくつかのありそうな複数の未来シナリオを想定して、それらを踏まえた現在の意思決定について考えます。


最もありそうな「ひとつの予測」をつくるのではないのです。

しかも、自分がどうするかではなく、自分に関係のある極めて影響が大きい環境要因について考えます。


「自分に関係のある」ということから、組織ごとに（あるいは人ごとに）違うのですが、ここでは、新型コロナの状況で、家族（あるいは個人）にとって関係のある社会環境ということで考えてみましょう。

まず、私たちの生活に大きく影響するのは、この感染の状況が長期化することです。

そこで、シナリオのひとつの軸は、感染状況が長期化するか／しないか、ということにしましょう。

もうひとつの軸は、経済が大幅に悪化するか／しないか、ということにします。

経済が大幅に悪化すると、店・会社の経営が厳しくなり、仕事が成り立たなくなったり、解雇されたり、会社が潰れたりする可能性が高まります。

これは、収入がなくなってしまうことから、家族・個人の生活にとって相当にクリティカル（致命的）です。

すでにいくつものお店や会社が経営破綻《はたん》をして（あるいはその見通しで）、畳《たた》む・解散することを余儀なくされたというニュースを耳にします。

これからも、さらに広がり、ますます苦しい状況になるでしょう。


ここでは、以上の二軸で考えてみることにしたいと思います（別の軸で考えたい人は、以下の手順で同じように考えてみてください）。

二軸を縦と横にとり、次のような図を描くことができます。

横軸は感染状況で、「比較的早く収束」と「長期化」となっています。

縦軸は経済状況で、「大幅に悪化」と「持ち堪《こた》え」です。

この二×二で考えると、四つの未来が想定されます。

そこで、この四つのそれぞれの未来シナリオを考えてみます。

それぞれの未来の内容を踏まえ、各シナリオに対して、次のように命名してみました。

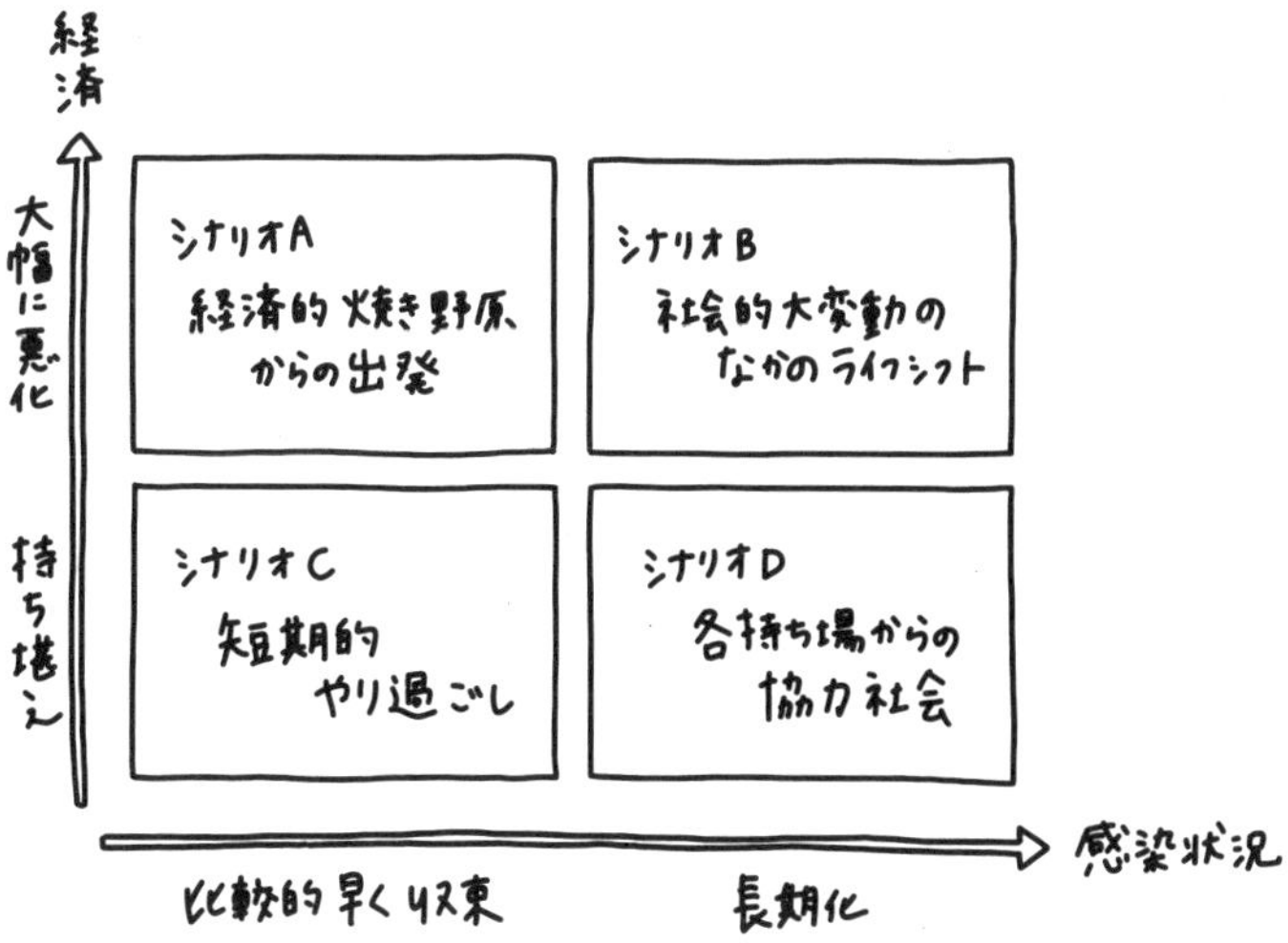
経済
大幅に悪化
持ち堪え
シナリオA
経済的焼き野原からの出発
シナリオB
社会的大変動のなかのライフシフト
シナリオC
短期的やり過ごし
シナリオD
各持ち場からの協力社会
感染状況
比較的早く収束
長期化

シナリオA「経済的焼け野原からの出発」

新型コロナの感染状況が比較的早く収束したにもかかわらず、経済的に大打撃を受けた場合の未来シナリオです。突発的な大打撃で破壊された経済を、感染が収束した状況下で、立て直していくという未来になります。

シナリオB「社会的大変動のなかのライフシフト」

新型コロナの感染状況が長期化し、行動・活動が大きく制限されるなかで、経済も大幅に悪化した場合の未来シナリオです。経済・産業のあり方が変わらざるを得ず、職種・仕事の再編が起き、暮らしや生き方の変革が求められる未来です。誰もがいままでと同じような生活を送ることは困難で、新しい人生・社会を生きるようになります。

シナリオC「短期的やり過ごし」

新型コロナの感染状況が比較的早く収束し、経済も持ち堪え、もとの日常に近い世界に戻るという未来シナリオです。当初の段階では、多くの人がこのシナリオを想定していたのではないでしょうか。最も理想的ではありますが、奇跡的な何かが起きないと、この未来は来そうにはないことを、今私たちは感じています。

シナリオD「各持ち場からの協力社会」

新型コロナの感染状況が長期化しますが、経済がなんとか持ち堪えるという未来シナリオです。それぞれの人がそれぞれの立場・仕事からできることをして、協力しあって、この難局を乗り越えようとしています。多くの人にとって、今の状況に近いと言えるかもしれません。

今回僕がシナリオ・プランニングで考えた、四つの未来シナリオの案を書いてみました。

ここで強調したいのは、このなかのどの未来が来るのかをひとつ選ぶのではないということです。

どれが当たるかという話ではなく、また、どれが起きる確率が高いかを数値化しようという話でもありません。

そうではなく、**どの未来シナリオもあり得ることと想定して《未来を織り込む》**のです。

どの未来が来ても大丈夫なように、政策・戦略・方針・企画をつくるということが、ここでは求められています。

感染状況も、経済状態も、自分ではコントロールできない環境要因です。

そうであるからこそ、その**環境の状態がどう転んでも、自分が適応していけるように準備**しよう、ということです。

▼

今、フランスでは、農業で働くことを推進しているようです。

これは、シナリオBのような想定も踏まえた方針だと言えます。

もちろん、実際には、シナリオBの未来ではなく、AやCやDが来たとしても、農業人口の増加は、食と職の確保の面でおおいに意味があることです。

各自の仕事においても、これら四つのシナリオの未来に備えることが重要になります。

僕が最近一年ほど住んでいたアメリカのオレゴン州ポートランドで知りあった日本人シェフは、二〇二〇年三月にロックダウンが宣言される直前に、愛着をもって育ててきたレストランを閉め、食品加工に大きく舵を切る決断をしました。

その素早い適切な判断が実に素晴らしいと、僕は感動しました。

短期的な事情だけでなく、長期的な見通しも踏まえた**《未来を織り込む》**判断だと感じたからです。

学校のオンライン授業化についても同様です。

「短期的なやり過ごし」ではなく、長期的な視野での新しい教育スタイルの構築だと思って取り組むべきでしょう。

新型コロナの件が収束したあとでも意味があるように、オンライン授業を開発・実験・洗練させていく。

思えば、僕らはもっと早くから始めてもよかったのです。当時の現状に引っ張られて、思いのほか遅れて始めることになったに過ぎないのです。

未来を織り込む
いまだけでなく、
ずっと価値をもたらし続けられる企画を。

だから、リアルに教室で集まれる状況になったあとでも、オンラインを選択したくなるような、そういうオンライン授業を生み出すべきときなのです。

それは、きっと、シナリオA「経済的焼け野原からの出発」やシナリオB「社会的大変動のなかのライフシフト」のような未来において、**大人の学び直しのための不可欠な仕組み**にもなるでしょう。

このように、**あり得る未来をいくつか想定して、どの未来が来ても大丈夫なように判断・準備・行動することで《未来を織り込む》**のです。

「先行きが不透明だから」と、先のことを考えないと、長距離のマラソンを走り抜くことはできません。

このあと、**どんな未来が来ても対応できるように、体勢を整え、備える**べきです。

そのために、「シナリオ・プランニング」の考え方が役立つと思い、紹介しました。

シナリオ・プランニングについては、日本語でも書籍がいくつか出ていますので、興味がある人はチェックしてみてください。

●『シナリオ・プランニング「戦略的思考と意思決定」』（キース・ヴァン・デル・ハイデン、ダイヤモンド社、一九九八年）

●『入門　シナリオ・プランニング「ゼロベース発想の意思決定ツール」』（キース・ヴァン・デル・ハイデン、ダイヤモンド社、二〇〇三年）

●『シナリオ・プランニングの技法』（ピーター・シュワルツ、東洋経済新報社、二〇〇〇年）など。

《未来を織り込む》…『プロジェクト・デザイン・パターン』より

14

《感謝のことば》を伝えて、家族に《ことばのギフト》を贈る

在宅勤務や子どもたちの日中の過ごし方が変わり、家族と一緒に家のなかで過ごす時間が増えました。

限られたスペースのなかで融通《ゆうずう》しあい、それぞれができることをやって助けあっている状態です。

あるいは、今、一人暮らしでも、離れたところに住んでいる家族がいろいろと心配をして気にかけてくれているのではないでしょうか。

そういう意味で、家族にいろいろな面で支えてもらっています。

しかし、ごく当たり前になってしまったことを意識するのは難しいものです。

しかも、自分が直接見ていないところでのほかの人の努力や気遣《きづか》いには気づきにくいですし、自分がやっていることに集中するほど、それ以外のことが見えなくなりがちです。

そして、たとえ感謝の気持ちを持っていたとしても、そう心のなかで思っているだけでは相手には伝わりません。

とくに親しい相手には、わかっているだろう、言わなくてもよいだろうと思ってしまいがちでもあります。

でも、毎日を一生懸命に過ごしていると、家族やまわりも少しずつ疲れてくるものです。

そうなると、ふと、気持ちのやり場がないと感じることだってあります。

◀

そこで、**家族による精神的な支えや、してくれていることを改めて意識して、心に感じる感謝の気持ちを、ことばにして伝える**ようにします。

今の環境・暮らしが誰のどういう行動や努力のおかげで成り立っているかを考え、その**「ありがたさ」（有り難さ＝有ることの難しさ）**を再確認するのです。

そして、「ありがとう」という感謝の気持ちを、ことばで伝えます。

感謝を感じたときに、**その度ごとの素直な気持ちをことばにする**のです。

何度伝えても構いません。

それだけ支えてもらっているということですから。

◀

そうすると、支えてくれていることに対して**気持ちのお返し**ができ、**自分も相手もあたたかい気持ち**になります。

また、感謝を伝えようとしてまわりに目を向けることで、誰がどのような思いでどれだけ苦労や努力をしているのかが、今まで以上に見えてくるでしょう。

お互いの感謝が感じられるようになると、これからも**互いに支えあうますます素敵な家族**になっていきます。

「今の暮らしを成り立たせているすべてが、当たり前ではなく、奇跡的に成り立っている」という視点で眺めてみると、今うまく成り立っていることも、いつ崩れ落ちてもおかしくないものだと気づきます。それにもかかわらず、誰かが動くことでそれが成り立つことが保たれているのです。

単に静止・均衡して成り立っているのではなく、誰かが絶えず動き、支え、成り立たせることによって、動的に維持できていることばかりです。これは、「**動的平衡**」という概念で表されうる事態で、**ｌｉｆｅ《ライフ》（生命、生活、人生）の本質**です。その、水面下の動きがあるからこそ成り立っているのです。

そのことに気づくと、その成り立ちを支えてくれているということ、支えてくれている人に、**自然と感謝の気持ちが生まれてきます。**

あとは、**それをことばにするだけ**です。

このことは、家族だけでなく、今の自分たちの暮らしを支えてくれているすべての人に対して、同じことですね。


この本を読んでいただいているみなさんへ。

改めて、僕からの《**感謝のことば**》を、《**ことばのギフト**》としてみなさんに贈ります。

読んでいただき、どうもありがとうございます！

《感謝のことば》…『コラボレーション・パターン』より
《ことばのギフト》…『旅のことば』より

感謝のことば
「ありがとう」の気持ちを伝える。

ことばのギフト
「ありがとう」は、
心に届くギフトになる。
ありがとう

15

いつか思い出になるような、
そんなかけがえのない《おもいで時間》を
味わい、写真に残しておく

お花見をしたり小旅行に行ったり、週末にみんなでショッピングを楽しんだり遊園地で遊んだり、というような、「いつも」の日々が今年も来るものだと、誰もが思っていました。

しかし、実際には、その想定とはずいぶん違う毎日を過ごしているのではないでしょうか。

多くのことができなくなり、不自由さや閉塞感《へいそくかん》を感じます。

多くが奪われてしまったような、そんな気持ちになります。


でも、よく考えてみると、**最も大切なことは奪われていません。**

私たちが生きて、日々を過ごしているということ、そのことです。

自分がここにいる、家族がともにいる、大切な人がいる——そのことは損なわれていないのです。

しかも、多くのことを失ったかもしれませんが、**代わりに別の大切なものも手にしています。**

自分とじっくり向きあう時間、家族と長い時間をともにする機会です。

いつもは、目の前のことに追われていると、そういうことを味わうことが疎かになりがちです。

そうして、自分が擦り減って疲れていることに気づかずに走り続けたり、子どもの成長や変化を見過ごしてしまったり、大切な瞬間を共有できなかったりしてきたのではないでしょうか。

◀

そこで、こんな状況のなかだからこそ、**自分と向きあったり、家族と過ごすかけがえのない時間を大切にしたりして、じっくり味わいます。**

将来、ふと、**とてもかけがえのない時間だったと思い返すような日々が、今ここにあります。**

一緒にご飯をつくった、
遠隔ミーティングの画面に子どもがひょっこり入ってきた、
家の周りを何気なく散歩した、
野菜を植えた、
今まで、散らかっていた部屋を片付けて綺麗にした、
オンライン飲み会をしてみた、

離れたところに住んでいる親とビデオ通話してみた、

読みたかった本を読んだ、

みんなでごろごろした……、

そういうすべてがこの**日々の世界の一コマ**です。

その一コマ一コマが、将来、**「あの時期は、そんなふうに過ごしたなぁ」と振り返るような、かけがえのない思い出になる**でしょう。

この大変な状況の日々も、自分の人生を構成する大切なシーンなのです。

だからこそ、**今、この日々の写真をたくさん撮っておきましょう。**

旅行先や遊園地のような「綺麗」な写真は撮れないかもしれません。

でも、よいのです。

自分も子どもも、この歳の日々は、人生のなかで今しかありません。

「あのときは、みんなで、家で過ごしたねぇ」と思い出すことができる写真を残すことに意味があるのです。

家のなかだって、不自由ななかだって、思い出深いシーンや笑顔はたくさんあります。

そういう**いつもとは違う日常の一コマ一コマを、どんどん撮っていく**のです。

自分たちのこの瞬間を残せるのは、自分たちだけなのですから。

実は、この《**おもいで時間**》のことが歌われている歌があります。

『日々の世界』という歌で、僕も作詞で参加しています。

とても素敵な歌です。

「♪ 世界をつくろう　わたしたちなりの　日々の世界をつくって　らしくやっていこうよ」というサビに入る直前のところで、「いつか思い出になるような～♪」と、とても印象的に歌われています。

ＳｐｏｔｉｆｙやｉＴｕｎｅｓ、Ａｍａｚｏｎミュージックなど、各種音楽配信プラット

おもいで時間
家族とのかけがえのない時間を味わう。

フォームで聴くことができますので、ぜひ探して聴いてみてください。

『日々の世界』（作詞＝真友ジーン＆井庭崇、作曲・歌＝真友ジーン）

・iTunes Store / Apple Music（https://itunes.apple.com/jp/album/id1271022854）

・Spotify（https://open.spotify.com/album/2RmeBsS7tqKLuLbr9L69QQ）

・Amazon Music / Prime Music（https://www.amazon.co.jp/dp/B074RDKV7F/）

いつか思い出になるような日々。

そんな日々をじっくり味わいながら、写真にも残していく。

失われたことではなく、**今あるものに目を向けて、大切にしていきたい**ものです。

そして、この大変な状況を乗り越え、生き抜き、いつか「そんなときもあったねぇ」となつかしく笑いあいましょう。

そんな日が来ることを心から願いながら、今日もがんばっていきましょう！

《おもいで時間》…『日々の世界のつくりかた』より

16

できなくなったことではなく、
《できることリスト》を書いてみて、
前向きに暮らす

感染のリスクを考えたり、外出の自粛をしたりで、これまでできたことの多くのことができなくなってしまいました。

楽しみにしていた予定がキャンセルになったり、計画を変更せざるを得なくなったり。

仕方ないと頭ではわかっていても、あれもこれもできなくなってしまっている現状はとても残念ですし、不自由さも感じます。

でも、そんなふうに落ち込んでいても、よいことはありません。

この新しい日常を生きていくしかありません。

▼

そこで、**今自分が「できること」をできるだけたくさん書き出してみます**。

紙と鉛筆を用意して、**「できること」を思いつく限り書き出してみる**のです。

家族で、ワイワイと、ブレインストーミングのように出していくのもよいでしょう。

「あれもできるね、これもできるね。」

「それで思い出したけど、これなんかどう？」

「いいね、それやりたいね。ほかには……」

そうやって、**どんどん出していく**のです。

▼

そうすると、**今でもできることがとてもたくさんあることに気づく**はずです。

これまでは当たり前だと思っていたこと、忘れていたこと、考えもしなかったこと、そういうことを**改めて今「できること」として捉えてみる**と、**「できなくなったこと」の数よりもずっと多い**ことに気づきます。

そのことを実感すると、閉塞感《へいそくかん》は和らぎ、前向きな気持ちが生まれます。

そして、気にいったものを実際にやっていくことができます。

僕が聞いた実話で、この《**できることリスト**》を書いたおばあさんの素敵な話があります。

あるデイサービスに通っているおばあさんがいました。

そのおばあさんは、いろいろなことに対しても消極的で、何もやりたくないという感じだったそうです。

でも、ある日、《**できることリスト**》を書いてみようと誘われて、書いてみたそうです。

「猫の餌をつくる」「餌をあげる」「なでる」というような感じで、十個のことを書きました。

そうしたら、たったそれだけのことだったのに、驚くほど明るく前向きになり、行動が変わったというのです。

それほど、「失われたもの」から「自分ができること」にフォーカスを移すだけで、人は元気になれる、ということなのでしょう。

家族で今、《**できることリスト**》を書くというのも、同じことなのです。

わが家では、子どもとおやつづくりをするようになりました。

どこかに出かけて、おいしいスイーツを食べる、なんてことも難しくなってしまったので、それならば、自分たちでおいしいのをつくればいいんだ！

できることリスト
できないことばかりに
目を奪われない。

そういう発想で、自分たちが食べたいおやつを自分たちでつくるようになったのです。

ケーキをつくってみたり、クッキーを焼いてみたり。


家で楽しく「できること」として始めてみたら、とてもよい時間・経験となりました。

スイーツをつくったり、一緒に片付けをしたり、仕事をちょっと手伝ってもらったり、昼ごはんを一緒につくってみたり。


これまでなかなかできないと思っていたことが、実は今の状況だとできたりするものです。

「どこどこに行けない」とか「何々ができなくなった」というのではなく、「できること」に目を向ける——そのことが、心の健康のために、今とても大切です。

そのたくさんのなかから選びたい放題ですし、まだまだ可能性は広がります。


できなくなったことではなく、**できることに目を向ける。**

それだけで、**未来は明るく楽しいものに**なっていきます。

《できることリスト》…『旅のことば』より

17

不可解な言動は、
その人が《体験している世界》を
《内側から捉える》ことで理解する

今の状況は、誰にとっても異常でストレスフルな状況です。
家族が思ってもみなかったことを言い出したり、
仕事仲間や友達と話が嚙《か》みあわなかったり、
子どもがわがままや感情的になったり、
身近な誰かが精神的に不調をきたしたりと、
そんなことが起きているかもしれません。
いったい何を言っているのか、何を考えているのか、何が起きているのか……
そう思うような瞬間があるのではないでしょうか。

自分の視点や常識から考えて、その人の言動が理解できない。

感情的には、つい、そんな相手を責めてしまいがちです。

でも、人は、これまで生きてきたなかで培われた自分なりの世界観と捉え方をもっていて、それをもとに物事を捉え、世界を認識しています。

そのため、同じ状況・出来事に直面しても、人によって異なる意味で捉えることになります。

たとえば、子どもと一緒に過ごしていて、**《体験している世界》**は同じだと思っていますが、果たしてそうでしょうか？
今、日本や海外で何が起きているのか、
ウィルスはどのようなものでどう恐ろしいのか、
学校が休校や短縮など、例外的な状況になっているのはなぜか、
どうして友達と思い切り遊べないのか、
いきなり始まった不自由な生活はどのくらい続く可能性があるのか、
そういったことを理解・把握しているのは、自分たち大人だけではないでしょうか？
さまざまなニュース・情報に触れ、理解しているのは自分たちだけで、子どもはそうではないのではないでしょうか？
もちろん、親がわかるように噛み砕いて説明しているとは思います。
でも、それは親からの説明であって、直接いろいろなことを知るのとは異なる体験です。
何だかわからない恐怖と、あれをしてはだめ、これをしてもだめ、というなかで、ただただ家にいる。
子どもが**《体験している世界》**は、そういう世界かもしれません。
ほかにも、夫婦で、違う視点・感覚で、今の状況を感じているということもあります。

離れたところにいる仕事仲間や友達もまた、異なる「世界」を生きている可能性がありま
す。

そこで、相手が**《体験している世界》**を、**対話と想像によって、《内側から捉える》よう**
にすることで、相手の考えや気持ちがどのように生じてきたのかを理解するようにします。
相手が今、どのように「世界」を見て、どのような「世界」を生きているのか。
そういうことを、**じっくり対話して話を聴いたり、想像したりし**て、その世界のなかでど
のような気持ちになっているのか、なぜそういう発言・行動に出たのかを、**本人の気持ちに**
寄り添い、理解します。

喩《たと》えるならば、その人の「世界」のヴァーチャル・リアリティ（VR）の世界に入り込む
ようなものです。

その人になりきって、どういう「世界」を体験していそうかをイメージするのです。

そうすると、その人が生きている「世界」がどのようなものか、そして、それにともなって生じる感情はどのようなものなのかがある程度理解できるようになります。

そうなれば、今の言動や抱えている感情が、どういう文脈のなかで生じてきたのかを理解することができます。

その結果、それまで不可解に思われた行動や発言も、その文脈のなかでの「当然の反応」として捉えられるようになり、その人への理解が深まります。

こうやって深く理解しあいながら、感情的にぶつからずに、よい関係を築いていきたいも

体験している世界
本人が生きている「世界」を感じ取る。

内側から捉える
その人の「世界」に没入して、
出来事を追体験する。

のです。

《体験している世界》《内側から捉える》…『対話のことば』より

18

すべてを自分で抱え込むのではなく、
家族の《活躍の機会》や
《成長の機会》になると考え、任せてみる

在宅勤務や学校の変則的な対応の影響で、家族が家で過ごす時間が長くなりました。

そうなると、朝・昼・晩の三食を家で食べ、その**準備**や**片付け**をすることになります。

仕事や勉強など、家でやっていることも増えました。

以前とは異なり、とても多くのことが家のなかで展開されるのです。

その分、片付けや掃除も大変です。

いろいろなことが次々と起こるのでどんどん散らかっていくし、家族がいるので掃除もやりにくいものです。

やることが山積みで、思うようにいかないなか、家のなかも混沌としてくると、精神的に落ち着くことはできないでしょう。

▼

そこで、**家事ややるべきことの一部を、家族のメンバーに任せてみます**。

こちらから、「これをお願いしたい」と言ってみてもよいし、何をしてくれるのかを、自分で選んでもらったり考えてもらったりするのもよいでしょう。

そのとき、その人の**活躍**や**成長**につながるようなものであれば、最高です。

単に手助けをしたというだけでなく、何かが**できるようになる**のであれば、こちらが助かるだけでなく、**本人にとってもよい機会になる**でしょう。

自分ですべてをやることができないという状況を、家族の《**活躍の機会**》や子どもの《**成長の機会**》をつくるというポジティブな機会に変換するわけです。

わが家では、最近、長女（高校生）が、料理をしてくれるようになりました。

それまでほとんど料理をしなかったのですが、今では頼もしい感じで、任せる日が増えています。

最初は、こちらで材料を準備し、手順を伝えて、やりやすいかたちでやってもらうというところから始まりました。

ちょうど家庭科の宿題で、何回か朝食をつくるというのをやったことも、キッチンに立つきっかけになりました。

また、僕が子どもたちとお菓子づくりをするようになり、その後、僕がいないときでも、下の子たちとお菓子づくりをしてくれたということも影響しているかもしれません。

初めての料理でもスマホで検索すればレシピが出てきて、それを見ながらつくればおいしくつくることができると知ったようで、最近は教えていない料理まで楽しみながらつくってくれています。

先日は、わが家では初めてのメニュー「新玉ねぎご飯」をつくってくれたり、「今度これをつくりたいから、○○を買っておいて」というリクエストまで出てくるようになりました。「今日よろしくね」と言っておくと、ありものを使って、メイン、サイド、スープなどと一食つくってくれ、すっかり頼もしい感じです。

その分、僕ら親は別のことをする時間ができ、大助かりです。

本人も家族に貢献できているということを実感しているようです。

もしかしたら、今のこの状況がなければ、料理を始めるということはなかったかもしれません。

まさに、今の大変な状況が、**《活躍の機会》**・**《成長の機会》**になったのです。

ほかにも、洗濯物を干すのは僕がやり、タンスにしまうのは子どもに任せる、というような分担もしています。

小さい子どもが散らかして遊んだあとを、子どもたちみんなで協力して片付けてもらったりもしています。

このように、家族のメンバーにいろいろなことを任せたり、手伝ってもらったりして、それを**《活躍の機会》・《成長の機会》**とするのです。

そうすると、単に今の状況のなかで日々をこなしていくというだけのことではなくなります。

家族のメンバーが**活躍・貢献することで、家族のなかでの役割や位置付けが変わってきます。**

また、今後にも活かせる力をつけたり経験を積んだりと、**家族の一人ひとりに成長**があります。

活躍の機会
小さくても貢献。

成長の機会
一人でもできるようになる、
きっかけづくり。

自分がやると単なる作業であることが、ほかの人がやると活躍や成長の機会になる――このことが、今回の発想の転換の最大のポイントです。

そして、**自分はほかのことに力を注ぐことができる**ようになります。

そんなふうに、**家族でうまく連携・協力していきながら、この大変な状況を乗り越えていきたい**ものです。

家事の分担や手伝いとなるとなかなかお願いしづらいかもしれませんが、みんなに感謝される《**活躍の機会**》やその子のできることが増える《**成長の機会**》をつくると思えば、だいぶ言いやすくなるのではないでしょうか。

せっかくなので、早速、家族のそれぞれの活躍と成長の機会をつくってみませんか?

《活躍の機会》…『旅のことば』より
《成長の機会》…『日々の世界のつくりかた』より

19

《好きなことを増やす》
絶好のチャンスだと捉え、
自分の「世界」を広げる

最近は、状況的に、以前のようには過ごすことができません。

しかも、変化についていくのが大変で、疲れてしまいがちです。

なんとか状況に合わせて適応しようとして必死になっているからです。

そういうなかで、どこか心が満たされず、疲弊《ひへい》しているのではないでしょうか。

ワクワクすることや、一時的な対処ではない、自分の人生に彩りや潤いをもたらす何かが欠けているのかもしれません。

▼

そこで、**これまでに少し興味があったけれども手が出せていなかったことを始めてみて、好きなことの幅を広げ、ワクワクするような時間を持つようにします。**


たとえば、最近、ギターを始める人が増えているそうです。

僕も、部屋の片隅からギターを引っ張り出してきました。

近いうちにできればと思っています。

子どものときにやっていたピアノも、久々にまた弾き始められればと思っています。

なんとなく、今、僕には音楽が必要な感じがしています。

自分で音を奏でること、そういう潤いが、今、とても大切な気がするのです。

毎日のように映画を見ているという人や、海外ドラマを見始めたという人もいます。

これまで読んでなかったジャンルの本や小説を読み始めたり、忙しくてなかなか読めなかった漫画を読んでみたり。

わが家では、子どもたちが「人生ゲームをやってみたい」と言うので、買ってみました。

あと、ドラえもんの日本旅行・世界旅行のボードゲームも。

家にこもっているから、テレビやテレビゲームだけでなく、ボードゲームをやってみるな

好きなことを増やす
趣味が増えると、
企画の幅も広がる。

んていうのもよいかもしれないと思いました。

思えば、うちでボードゲームを買うのは初めてだったようです。

子どもたち同士で、「生命保険に入る?」とか「双子が生まれた!」とか、楽しんでいて、なかなか微笑ましい光景が展開されています。

そして、たまに週末に、家族みんなでボードゲームで遊んだりしています。親はワインを飲みながら。

僕は、外出自粛になってから、子どもたちとおやつのスイーツをつくるようになり、また、パンを焼いたりもするようになりました。

カレーのナンや、タコスのトルティーヤ(ソフトタコス)も自分でつくってみました。おいしいですし、こうやってつくるんだね、とみんなで興味深く楽しみながら。

そして、外に飲みにいけなくなったので、おいしいおつまみも自分でつくろうということで、いろいろ家でつくるようになりました。

焼き鳥も自分でつくるようになりました。やってみて、串に刺すところからつくるのは初めてだということに気づきました。

これまでは外で食べたり、出来あいのものを買ってきたりしていたので、自分で鶏肉を切って串に刺すところからやったのは、意外と初めてだったのです。

塩、ねぎま、たれ、カレー粉をまぶしたものなど、味もいくつかバリエーションをつくりました。

串焼きと言えば、わが家で大人気なのは、ミニトマトの豚バラ巻き串です。

ミニトマトに豚バラの肉を巻いて、串に刺して、塩こしょうをして、コンロのグリル（魚焼き器）で焼くだけです。

ほかに僕がよくつくる人気のおつまみも紹介しておくと、餃子の皮でつくる「ギョウザ・ピザ」があります。

餃子の皮に、ミニトマト（あるいはトマト）とピーマン（パプリカ）とサラミ、そしてチーズを乗せて、オーブンで焼くだけです。

しっかり焼くと、餃子の皮がパリパリになり、おいしいのです。これに、大人はタバスコをかければ、即席のおつまみピザの出来上がりです。

オーブンがなかったり、一人分など少しだけつくったりするときは、トースターでも構いません。

オーブンで焼くもので、ほかに子どもたちにも人気なのは山芋の磯部焼きです。
山芋を輪切りにして、少し塩をふりかけて、オーブンで焼き、最後に青のりをかけます。お手軽ですが、おいしいおつまみになります（夕飯の一品にも）。

じゃがいもを薄切りにして、同じ要領で焼けば、オーブン焼きのポテトチップスもできます。

オーブンを使うものとしては、ほかには、エビやマッシュルームのアヒージョも、簡単なわりに、満足度の高いおつまみです。

最近、スーパーのアジア調味料コーナーでピータン（アヒルの卵を灰や土に入れ発酵させたもの）を売っているのを見つけたので、数個買っておいて（常温保存です）、豆腐に和えて、ピータン豆腐をつくったりもしています。

これも、おいしいおつまみとして人気です。

こういうことは日頃から料理に凝《こ》っている方には、当たり前の話でしかないかもしれませんが、僕にとっては、「**おいしいおつまみを自分でつくる**」という**新しい趣味**のようなもの

です。

あと、僕は、長らく発酵《はっこう》の世界に足を踏み入れてみたいと思っていたのですが、この機会にようやく始めてみました。

これまでは、なかなか家にいないことから手が出せなかったのです。

まず、挑戦しているのは、Kombucha（コンブチャ）。

梅昆布茶のことではありません。

Kombuchaというのは、「昆布」は一切関係なく、紅茶を発酵させる微炭酸の飲み物です。

一昨年・昨年と米国オレゴン州ポートランドに住んでいたときによく飲んでいたのですが、日本ではなかなか手に入らないので、自分で育てて（発酵させて）みることにしました。

おいしくなるための調整がなかなか難しく、毎回少しずつ学びながら、理想の味に近づきつつあります。

もうひとつ、ぬか漬けも始めました。

子どものころ、実家で親がやっていましたが、自分ではなかなか手が出せませんでした。

うちの子たちはぬか漬けの漬物なんて食べるのかな、と思っていましたが、なかなか好評でした。

これまでも食べたことはあったでしょうが、あまり印象には残っていなかったようで、初めて「ぬか漬け」という存在を身近に感じ、その味を実感したようです。

発酵の世界としては、いつか味噌づくりにも挑戦してみたいものです。


また、食べる方の発酵だけでなく、生ゴミを発酵させて肥料に変える「コンポスト」も始めました。

最近は、紙袋とバッグでお手軽にできるセットもあります（わが家で使っているのは、「LFCコンポスト」というものです―http://lfc-compost.jp）。

実際、生ゴミが圧倒的に減って、燃やしてしまうのではなく、肥料に変わるということで、エコな循環に参加しているという実感があります。

そして、実に面白いのですが、「コンポストちゃんにあげてくる」と、まるでペットにご飯をあげるような気持ちになります。

微生物の発酵で、だんだん温かさが出てくるのも、興味深いところです。

生きているのを感じます。

これも大人な「趣味」だと言えるでしょう。

好きなことをしていると、**充実した気持ち**になりますし、**気分転換**にもなります。

趣味のなかで感じられる楽しさや感覚は、仕事に取り入れていくこともできるかもしれません。

また、今できないことが徐々にできるようになるという**自分の成長**を感じられると、今の閉塞的《へいそくてき》な状況のなかでも、**明るく前向きな心持ちになれる**でしょう。

家にいたって（Stay Home していても）、**自分の「世界」を広げることはできます。**

この機会に、《**好きなことを増やす**》ことで、自分の「世界」を広げていきましょう！

《好きなことを増やす》…『プロジェクト・デザイン・パターン』より

20

まず親が《自分なりのおもしろポイント》で
面白がることで、
子どもの《面白がり力》を育んでいく

子どもって、自分が興味をもったことにはとても熱中しますよね。

興味をもったことは、もっと知りたくなり、もっと突き詰めたくなるものです。

これは、大人も同じですよね。

でも、その好奇心や探究心ってどうやって育《はぐく》まれていくのでしょうか？

それらは、その子がもともと持っている個人的なものであって、親や教師は子どもの好奇心や探究心を育てていくことはできないのでしょうか？

▼

いいえ、**子どもの好奇心や探究心は育てていくことができます**。

もちろん、「これに興味を持ちなさい」なんて教え込むことはできません。

でも、親にもできる、子どもの好奇心・探究心を育む有効な方法があります。

それは、**親自身が好奇心と探究心をもって世界に接し、その気持ち・感動を共有する**ことです。

つまり、**自分が興味深いと思うこと・面白いと思うことを、「これ、すごい！　見て、見て！　うわぁ、面白いなぁ！」と心から面白がっていると、子どももそれに共鳴して一緒に**

面白がるようになります。

もちろん、百発百中というわけにはいきません。

自分に面白くても、子どもに面白くないものはたくさんあります。

でも、そのなかのいくつかにはきっと興味を示すでしょう。

そうすれば、**一緒に面白がる**ことができます。

まずは親が《自分なりのおもしろポイント》で何かを面白がる、ということが重要なのです。

そうすると、子どもはその姿を見ることで、自分も興味が湧いて一緒に面白がったりすることになります。

自分なりの
おもしろポイント
どんな物事にも、
おもしろいと思える部分はあるものだ。

わが家の例で言うと、先日、子どもと家の近くを散歩していたときに、辺りに咲いているいろいろな花を一緒に見ていきました。

急いでいたり、ぼーっと歩いていたりすると、ただの風景として見過ごしてしまうような、そんな道端や公園の草木、近所の家の庭先に植えられた花たちです。

「こんな社会状況のなかでも、ちゃんと季節は巡り、春が来て、花はいつも通り咲いているんだなぁ」

それらの花の美しさに、僕は心が動きました。

そこで、子どもに言いました。

「わ、この紫、きれい！　この青は鮮やかだなぁ！　春だねぇ、いろんな花が咲いているねぇ、きれいだねぇ！」と。

しばらくすると、子どもたちも言い始めます。

「あ、今度は黄色の花だ！　パパ、見て、見て！　黄色い小さい花があるよ！」と。

「すごい、すごい」と言って、いつもなら通り過ぎている存在に意識がいくようになります。

自分で「発見した」という感覚です。

僕が《**自分なりのおもしろポイント**》を示し、実際にそれを面白がっている姿を見ること

で、物事をどう面白がればよいのかが共有されたのです。

そうなれば、子どもたちはずっと、同じように続けます。

「あ、ピンクの花だよ！　こっちには白もある！」と。

こういうとき、「なんだ、自分が言ったことと同じことの繰り返しじゃないか、クリエイティビティがないなぁ」なんて思わないであげてください。

まさに今、**世界の面白がり方をひとつ手に入れた瞬間**なのです。

とても重要な瞬間です。

こうやって、**一緒にいろいろな物事を自分なりに「面白がる」ことで、《面白がり力》が高まっていく**のです。


ある日、庭に水やりをしているときに、玄関先の茂みで、カマキリのたまご（卵のう）を見つけました。

「ねぇ、見てみて〜！　知ってる？　これカマキリのたまごなんだよ。ここからすごく小さいカマキリの赤ちゃんがたくさん出てくるんだよ！」

僕も少し興奮しながら、語りました。

「パパが子どものときも、こんなふうに見つけて、たくさん出てきたのを見たよ！」

少しばかり誇張して興奮して見せましたが、でも心に嘘はありません。

たしかにワクワクしているのです。

それを子どもでもわかるように、増幅して表しているだけです。

大人って、恥ずかしさもあり、興奮したりワクワクしたりしても、あまり外に出さないようになってしまっています。

わかりにくいんです、大人って。

だから、少し増幅するくらいがちょうどよいのです。

そうやって、感動やワクワクを表現する人を「子どものような（少年のような）心をもった人」と言いますよね。

子どものように喜ぶのがよいのです。

面白がり力
どんなことでも、自分なりの
面白いポイントを見出していく。

「これ、いつ出てくるかわからないからさ、毎日観察しようよ！」

「わーい、『観察くん』だね！」

わが家では、観察すること・観察する人のことを、いつからか、「観察くん」と呼んでいます。


そうしたら、子どもたちもワクワクし始めて、急いで家に入っていきました。

どうしたのかな、と思ったら、あるものを持って戻ってきました。

小学校で朝顔を観察するときなどに使う、観察スケッチボード（たんけんバッグ）です。

Ａ４の用紙を挟み、そこに、カマキリのたまごの様子を熱心に描き始めました。

僕は、子どもたちが観察ノートを描こうとするなんて思ってもいませんでした。

そうやって、自分で、観察して記録しようと思ったことは素晴らしいことですね。


なので、それを「おおお、すごくいいね！」と**感激**し、観察スケッチボードを持っての記念撮影もしました。

そして、「描いたら見せてね！」と。

こんなふうに、**好奇心が探究心につながっていく**のです。

そんなことがあると、子どもはもう、観察くんモードにスイッチが入ります。

その次の日、近所を散歩に出かけたときにも、自分で観察スケッチボードを首から下げ、花を見つけると、それを描いていました。

僕は花については詳しくない（ほとんど知らない）ので、咲いている花が何という花なのかは、正直わかりません。

でも、色や形の美しさは感じますし、自分の心が動くものに感動し、それを共有することはできます。みんなが観察ノートを描いている間、僕はスマホで写真を撮っています。

それぞれがそれぞれの手段で、観察し記録する。

そうやって、朝の散歩でいろいろな花に出会い、思い思いに記録をしていきました。

途中、モンシロチョウやてんとう虫にも出会いました。

思いがけずそういうものを見つけたときは、うれしい気持ちでいっぱいになります。

僕も子どものように喜びました。子どもたちと一緒に。

▶

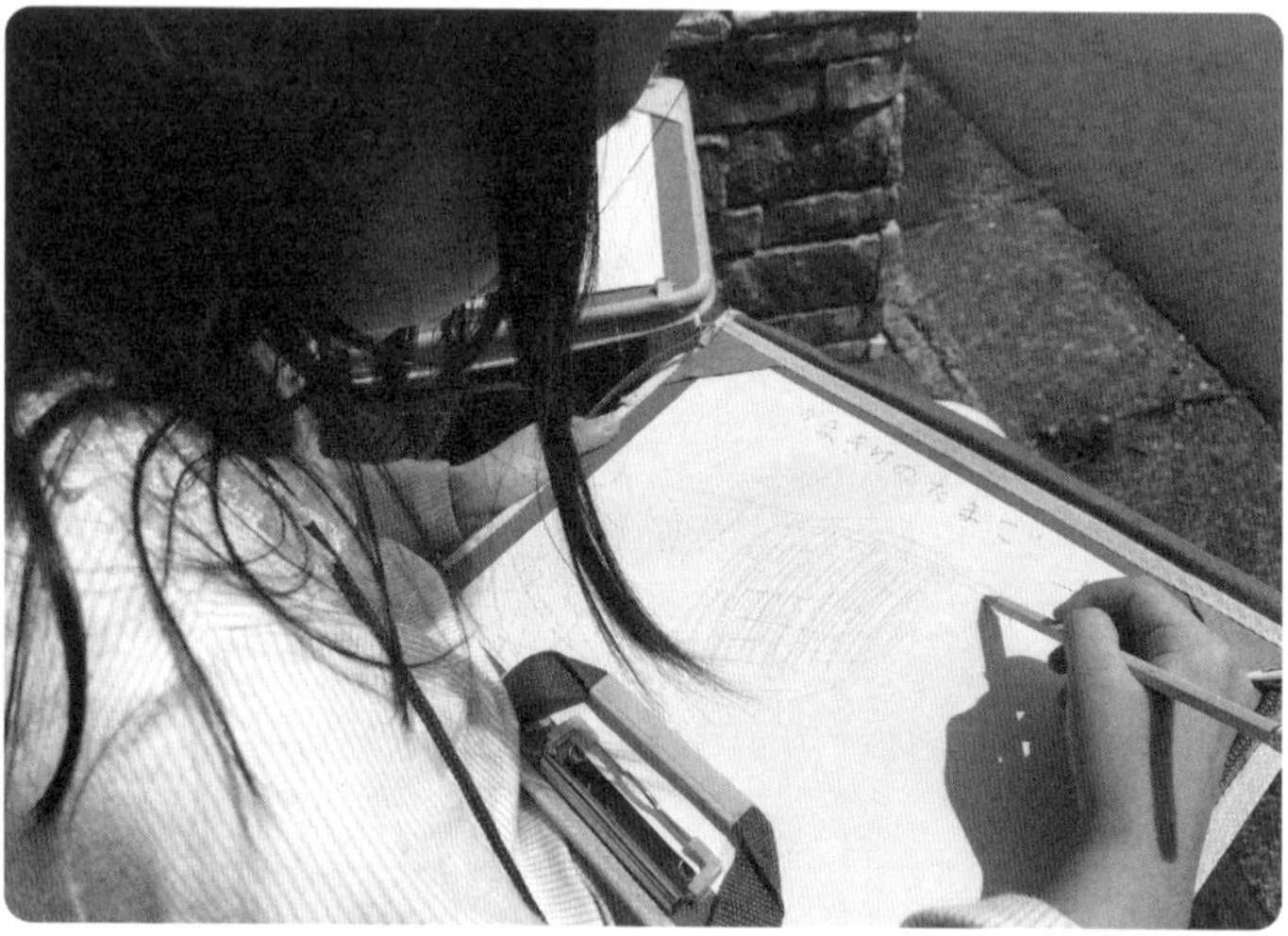

子どもの好奇心や探究心を育てるには、まずは自分が好奇心と探究心をもって世界に関わることです。

自分が世界を面白がっていないのに、子どもに面白がらせることはできません。

面白がるということは、伝染し、共鳴します。

だからこそ、**自分が率先して、《自分なりのおもしろポイント》を見出して、世界を面白がる。**

子どもへの伝染・共鳴は、百発百中ではないことは、すでに書きました。

それでは、外れたときは意味がないのでしょうか？

いいえ、違います。

子どもが興味をもたなかったときも、実は重要なことが起きています。

それは、**世界の面白がり方はこんなにも多様で、そんな面白がり方もあるんだ**、ということが、しっかり伝わっています。

それに、よいのです。自分が面白いんですから、ほかの人にとって面白くなくても。

だから、子どもが乗ってこないからといって、大人が面白がるのをやめないでください。

対象も、花や虫など、子どもが好きそうなものに狭める必要はありません。**自分はこれが面白いというのを、心のままに面白がっていること、それがとても大切です。**子どものために面白がっているわけではなく（そういう下心も本当はちょっとあるわけですけれども）、自分自身が面白がっていることが重要なのです。

身近な世界を「面白がる」ことをテーマに活動している一般社団法人みつかる＋わかる（https://www.mitsukaruwakaru.com）でご一緒している市川力《ちから》さんは、面白がり力が高い人のことを**「オモシロガリヤ」（面白がり屋）**と呼んでいます。

子どもたちに「おっちゃん」と呼ばれる市川さん自身が、面白がりの達人（元祖・面白がり屋）で、どの道を歩き、どの場所にいても、いろいろ面白いことを見つけます。そして彼持ち前のリアクションで、その場にいるみんなにその**面白がりが伝染し共鳴**します。

こうやって、**自分が面白がりながら、周りの人が面白がるのも促す人**を、僕と市川さんは、**「ジェネレーター」**（generator）と呼んでいます。

好奇心・探究心もワクワクも発想もコミュニケーションも、どんどんジェネレート（生成）するからです。

そういうときは、子どものみならず、一緒にいた大人までも、面白がり力が刺激・増幅されていきます。

そんな「ジェネレーター」の考えや市川さんの実践については、書籍『クリエイティブ・ラーニング――創造社会の学びと教育』の、市川さんと僕の対談の章（第四章）をご覧ください。ものすごく面白いですし、子育ての参考にもなると思います。

改めて、**世界を《自分なりのおもしろポイント》で眺め直してみましょう**。

そうやって、親自身が自分の《面白がり力》を高めながら、その感動を子どもと共有していけば、子どもの《面白がり力》も育まれていきます。

大人と子どもが面白がりの仲間になれれば、毎日はもっと楽しくなります。

世界は、まだまだ面白い！

どんどん面白がろう！

《自分なりのおもしろポイント》…『探究パターン』より

《面白がり力》…『おもてなしデザイン・パターン』より

21

家族のミスや失敗には《ひと呼吸おく》ことと、
《がんばりへのリスペクト》の気持ちで
接することを大切にする

家族で家事を分担したり、手伝ってもらったりしているかもしれません。そういうとき、自分でやればうまくできることでも、慣れない人がやるとうまくできなかったり失敗してしまったりすることがあります。

「もぅ、何やってるの！」「信じられない！」と、つい言いたくなってしまいます。

「そんなことになるなら、自分でやればよかった」という気持ちにもなります。

でも、だからといって、すべてを自分がやるというのは無理が生じるでしょう。

だからこそ、家族でうまく分担したり、助けあったりすることが大切です。

家族がミスや失敗をしたときに、イライラした気持ちを抱えたまま対応したり指摘したりすると、喧嘩になって、関係が悪化してしまうこともあります。

今の状況は誰にとってもストレスフルな状況ですが、ただでさえ大変なときに、家族内の関係までギクシャクしてはもっと大変です。

▼

そこで、まず、感情をそのまま相手にぶつけることがないように、**ひと呼吸おいて、クールダウンしてから対応する**ようにします。

《ひと呼吸おく》ことで、気持ちを落ち着かせるのです。

たとえば、**深呼吸**をしたり、**少し時間を置いたり**して。


ミスが起こったことはよくないことですが、その人なりに考えたり努力したりした上での結果かもしれません。

だからこそ、**一生懸命努力しているということを認め、そのことに敬意を払い**、その上でのコミュニケーションをとるようにします。

《がんばりへのリスペクト》の気持ちをもって接するのです。

よくよく考えると、自分も初めからうまくできていたわけではなく、昔はミスや失敗もしていたのではないでしょうか。

ひと呼吸おく
落ち着いた
あたたかい成長の場をつくる。

がんばりへのリスペクト
昔、同じ道を歩んだ同志として。

そういうことも思い出しながら、**「後輩」の育成**に当たるのです。

ミスや失敗そのものよりも、その前の段階の**努力やがんばっていることに敬意を払う**ことで、**貢献に意識を向ける**ことができます。

そうやって、一度受け止めた上で、再発防止のために原因や対処方法などについて一緒に話しあうようにするのです。

▼

そうすると、相手も萎縮したり心を閉ざしたりすることなく、自分のミス・失敗を真摯《しんし》に受け止め、その問題の原因と結果についてきちんと振り返り、理解を深めることができるようになります。

こうして、ひとつひとつ問題に対処していくことで、**失敗から学んで成長していく**ことができます。

また、こちらも、感情的になって気力や体力を消耗することもなく、**よい関係性を築きながら暮らしていく**ことができるでしょう。

こちらがそういうあたたかい眼差しで見守っていると、元気と自信を取り戻して、今後も続けていく気持ちが湧いてきます。
とてもストレスフルな状況ではありますが、**身近な人とのよりよい関係を築きながら暮らしていきたい**ものです。

《ひと呼吸おく》《がんばりへのリスペクト》…『園づくりのことば』より

22

残念なリーダーだとしても、
《ダメ事例の研究》によって
自分の学びにしてしまおう

今のような有事のときには、組織や社会のリーダーの力量が試されます。

こういうときに、未来を見据えた決断をして、万が一のときには責任を取る覚悟がある優れたリーダーがいます。

その一方で、日頃よいことを言っていたり、人気があったりしていても、こういうときに優柔不断だったり、保身に走ったりする人もいます。

各国の対応を見ていて「さすがだな」と思うリーダーもいれば、期待もしていなかったけど「やっぱりか」とがっかりさせられるリーダーもいます。

個別の人・政府・組織について、ここで何かを言うつもりはありません。

でも、ひとつだけ、自分たちの今後に活かすことができる重要なことについて。

▼

それは、どんなにいまいちで残念な事例でも、**《ダメ事例の研究》**をすると、学ぶことが多々あるということです。

僕らが「ダメ事例」だと思うものも、本人やその周辺の人たちは「ダメ事例」をつくろうと思ってやっているわけではありません。

おそらく、本人たちは、よかれと思って、あるいは誠心誠意ベストを尽くした結果、そのような「ダメ事例」になってしまったのでしょう。

そこには何か落とし穴や、発想・力の限界というものがあるのかもしれません。

僕らも、日々いろいろな意思決定をしたり、大小の違いはあれ、リーダーシップを取ったりすることがあります。

その意味では、僕らだって、同じように「ダメ事例」をつくってしまう可能性はあるわけです。

そう思えば、**「ダメ事例」を研究することで、そうならないための教訓を学ぶ**ことができるはずなのです。

もちろん、政治や組織のリーダーは僕たちが知っている以上の情報を持っていたり、専門家の助言を受けていたりする可能性はあります。

それでも、そういうことを類推しながら、**なぜ、どのようにして、その判断や発想が出てきたのか**を考えてみることはできます。

もしかしたら、あえて言っていない何かを気にしていたり、特定の人たち・集団に配慮していたりするのかもしれません。

そのような情報や推測も踏まえつつ、そういうときに**自分がリーダーだったらどうするか**

を考えてみます。

こうして、**「ダメ事例」から学ぶ**ことができるのです。

自分の失敗から学ぶことの大切さは、これまでも言われてきました。

しかし、人が失敗から学ぶことができるのは、それだけではないのです。

人は、ほかの人の失敗からも学ぶことができます（もちろん、人の成功からも）。

今のような有事のときに、どのような判断をすべきか――その研究すべき事例は、目の前にリアルタイムで進行しています。

ダメ事例の研究
他人の失敗は、自分の成功のもと。

せっかくですから**「ダメ事例」も切り捨てずに、学びの材料に**させてもらいましょう。

《ダメ事例の研究》…『プロジェクト・デザイン・パターン』より

23

万が一のことを考え、自分の《活動の足あと》を仲間・家族と共有して、《チームごと》にしておく

新型コロナウィルスに感染して亡くなっている方が、海外の国々だけでなく、日本にもたくさんいます。

誰が感染してもおかしくない状況ですから、自分もその可能性のある一人であることは否《いな》めません。

もちろん、不要不急な外出を自粛し、三密を避け、手洗いや消毒をきちんとしてはいると思います。

それでも、**リスクを減らすことはできても、ゼロにすることはできません。**

抗体を持っているかいないか、既往症や体質によって重症化するかどうかは人によって違うという話もありますが、現段階では私たち一人ひとりが、自分は特別に感染しにくいとは言い難いでしょう。

そうであるならば、今から、**もしものときのことを念のために考えておく**必要があるのではないでしょうか？

本書で《**未来を織り込む**》を紹介したときに、シナリオ・プランニングの話をしましたが、自分でコントロールできない要因で引き起こされるクリティカルな（致命的な）未来の可能性に対しては、**どの未来が来ても大丈夫なようにしておく**のが基本でした。

同じように、**万が一自分が感染して、重症化し、死に至るなんてことがあったときのことも少し考えておく**方がよいでしょう。

そんなこと考えたくないという人もいれば、「何を大袈裟な」という人もいるでしょう。もちろん、誰だってそんなこと考えたくはないものですが、僕は**念のため、少しだけ考えるように**しています。

そうしようと思うのは、僕は数年前に脳出血で倒れた経験を持っているからかもしれません。

救急車で運ばれたときには、目線が定まらず呂律《ろれつ》も回らず、家族はもう僕が会話したり仕事したりするのは無理かもしれないと思ったと言います。

出血した箇所が幸いして、比較的軽めに済んだので、現在は日常生活を問題なく送れています。

そんなわけで、今こうして文章を書いていたり、家族と過ごしながら仕事をしていたりするというのは、本当にありがたい（有難い）ことだなと感じています。

そういう経験をすると、自分の人生は、いきなり大きく変わったり終わったりする可能性もあるんだ、と思うようになりました。

新型コロナウィルスで亡くなった方々のニュースを見ても、具合が悪くなってから、診断、隔離と急展開で、家族に会えないまま息を引き取り、葬儀も行えないというケースもあるということに、大変心が痛むとともに、自分にもそういうことが起きてもおかしくない時代なのだなと思うのです。

▼

そんなこともあり、最近、僕は、**書きかけの本の原稿や論文、重要なファイルを、ごく近い仲間・家族と共有する**ようにしました。

共有のドロップボックスに、「念のための書きかけファイル共有」のフォルダをつくり、万が一のときには引き継いでもらえるように、ファイルのコピーを置きました。

もともと仲間たちとは、一緒に取り組んでいるプロジェクトのファイルは共有していたのですが、僕が個人で書いているものなどは、僕にしかアクセスできない状態でした。

万が一のことがあったとき、それらは誰からもアクセスされず、同時に失われてしまうんだな……そういうことを、僕は脳出血で倒れたときに、痛感しました。

なので、身近な仲間・家族もアクセスできる場所にファイルを置くようにしたのです。

ほかにも、僕のパソコンにストックしている家族の写真も、外付けハードディスクにコピーしています。

これで、家族の思い出の写真たちも失われません。

できれば、紙の写真アルバムにまでできるとベストですが、それには時間がかかるので、できることから少しずつ。

自分が感染して重症化するということは、あんまり考えたくないことではありますが、**万が一のときに備え、共有・引継ぎしておくことは、自分の人生を意味のあるものにすることの一部だと言える**のではないでしょうか。

ですので、少しだけ、ほんの少しだけ、今の暮らしのなかでそういう備えをしておくと、**心配事をひとつ減らすことになる**かもしれません。

▼

もうひとつ、気になるのは、万が一感染した場合に、それまで二、三週間の行動がどのようなものだったのかを、自分でも辿れるのか、あるいは家族が辿れるのか、ということです。

自分が隔離されて具合が相当悪い状態で、家族がほとんど覚えていなくて苦労をかけたり、周囲に大きな心配をもたらしたりしてしまう可能性があると思うのです。

ノートに出入りの記録を書いておけばよいのかもしれませんが、そういうことは、僕のような面倒くさがりには続きそうにありません。

そこで、自分がどの日、どの時間に、どこに行ったのかの記録を残し、家族と共有するために、**LINEの家族グループ**で、**「○○についた」**とか、**「今から帰る」**と書けばよいということに気づきました。

そうしておくだけで、**そのときどきの連絡**になるだけでなく、**自分や家族も、あとで、いつ誰がどこに行ったのかを、LINE上で辿ることができるようになる**わけです。

その方法だけがよいというわけではありません。人によって、どういうやり方がよいかは違うでしょう。

でも、いずれにしても、**何らかの手段で《活動の足あと》を残すようにする**ということが大切です。

自分も見ることができ、**身近な誰かが見ることができる《活動の足あと》**を。

そうやって、「自分事《ごと》」だったものを、家族・仲間との**《チームごと》**にするのです。

こうすることで、各自のある程度のプライバシーは保たれたままで（すべてをオープンにするのではない）、**記録・引継ぎもきちんとできる**ということになります。

ちなみに、**《チームごと》**という言葉には、「自分事《ごと》」として自分だけで抱え込むのではなくチームに開いて「**チーム事《ごと》**」化するという意味と、「**チーム（まる）ごと**」で対応できるようにする、という二重の意味があります。

▼

そんな記録や共有ファイルを活かさなければならない日が、本当は来ない方がよいに決まっています。

それでも、僕には「**立つ鳥、跡を濁さず**」ということわざが、頭を過《よ》ぎるのです。「**備えあれば、憂《うれ》いなし**」ということも。

こんなに死のリスクと隣りあわせの厳しい日々が早く終わってくれればと心から願ってい

ます。

願いながら、備える。

そういうことが大切なのではないか、と、僕は考えています。

《活動の足あと》…『コラボレーション・パターン』より
《チームごと》…『おもてなしデザイン・パターン』より

チームごと
お客様との関係を「チーム事」だと捉え、
チームみんなでおもてなし。

24

《相手の気持ち》になって
《言われてみれば欲しかったもの》を発想し、
《もうひと手間》かけて
《愛着が生まれる余地》のある企画にする

週末や連休が来ても、なかなか遊びや旅行に行けませんね。

子どもの気持ちになって考えても、きっと、単調な日々がただ続くのはつまらないでしょう。

せっかくの休みだからこそ、何か特別な、スペシャルなことが起こってほしいと思っているのではないでしょうか。

誰かに「おもてなし」をするときには、**《相手の気持ち》**になって、**その人が何を望み、どうするとうれしいのかを考えて動く**ことが大切です。

しかも、もしそれが、本人が無意識に思っていても意識的には考えていなかったものだったら、「わ、すごい！　これがしたかった！」とそのとき初めて「欲しかったもの」だと気づくでしょう。

「どうして、わかったの？」と、驚かれるかもしれません。

そう言って、その**《言われてみれば欲しかったもの》**を前にして喜んでくれるでしょう。

もちろん、私たちは企画やおもてなしのプロではないですから、初めて出会った人の気持ちをつかむことは難しいかもしれません。

でも、家族がどんなことを考えているか、望んでいるかは、これまでの経験からなんとなくわかるはずです。

そうやって考えていくと、**家族が喜ぶような素敵なアイディア**を何かしらは思いつくことができるものです。

こんなことがあったら、ワクワクするだろうな。

こういうことは、いつもと違ってスペシャルだな。

そういうことを**《相手の気持ち》を想像し、自分の気持ちにも照らしながら、考えていく**のです。

普通だったらこう、という制約を外して発想します。

言われてみれば欲しかったもの
新しい価値はそこから生まれる。

相手の気持ち
相手の「立場」に立つだけではなく、相手の「気持ち」になって考える。
COFFEE

そうして、何かアイディアを思いついたら、**《もうひと手間》**加えて、参加する人たちに**《愛着が生まれる余地》**が生まれるようにします。

どういうことかというと、**すべてのことをこちらで決め込んでしまうのではなく、相手の選択の自由度を残しておく**のです。

そうすると、**自分で選ぶことができる**というところに、**楽しさ・うれしさ**を感じてもらえるはずです。

わが家の**子育て**では、何かをやるときには、多かれ少なかれ、そのような**自由度があるようにすることを大切に**しています。

本当は、**こちらですべてを決めてしまった方が楽**なのです。

でも、そこで**《もうひと手間》**かけて、**ちょっとした自由度をつくるようにします。**

そうすることで、**自分で選んだということから、そのことに愛着が湧く**ようになるのです。

以上をまとめると、**《相手の気持ち》**になって**《言われてみれば欲しかったもの》**になるようなアイディアを考え、**《もうひと手間》**かけて**《愛着が生まれる余地》**があるような企画にする、ということです。

こうして、**みんなで素敵な時間を過ごす**ことができるようになります。

わが家での実践について、少し紹介しましょう。

庭にテーブルを置き、夕方からピザを食べながら飲む「**アウトドア・ディナー**」。

これは、アメリカのオレゴン州ポートランドに住んでいたときに、たまに家でやっていたものです。

向こうは庭が広く、そういうことをしやすい造りになっていて、やりやすいのです。

庭でバーベキューをする人も多いですが、僕らはもっと手軽に、買ってきた冷凍ピザを焼

もうひと手間
もう一歩、つくり込む手間を惜しまない。

愛着が生まれる余地
最初からつくり込みすぎない。

いて、庭に出したテーブルで食べていました。

とても気持ちがよく、家族の素敵な思い出です。

それを日本でもやってみよう、という発想です。


日本だと、夏には蚊が多いし蒸し暑いので、なかなか快適にはできません。

でも、うまく時期を選べば、心地よくできます。

写真は、五月のゴールデンウィークのときのものですが、この時期は、蚊もいないし、暑すぎず寒すぎず、ちょうどよい感じでした。

毎年、この時期にやりたいな、と思いました。


アウトドア・ディナーは、子どもたちも大喜びです。

そんなスペシャルなことを待っていた！という感じです。

まさに自分では思いつかなかったけど、**《言われてみれば欲しかったもの》**というわけです。


今回、最初は、駐車場でやるのがスペース的に楽だなと思ったのですが、最終的には、周りに緑が多くて雰囲気がよく、ダイニングからすぐに出ることができるデッキのところでやることにしました。

そのため、僕は朝から、野菜を育てているプランターをデッキから移動し、水で流して掃除し、日中乾かすという準備をしました。外に出すテーブルは、最近子どもが工作用のテーブルとして使っているものにしました。

普段使っているダイニング・テーブルは重く、また汚れると嫌なので。

工作用のテーブルと言っても、もともとは、子どもが生まれる前に夫婦のダイニングテーブルとして使っていたもので、サイズ的に小さく、古くなったので、子どもの作業用にしたというものです。

椅子は、来客時のための折り畳《たた》みの椅子や、日頃は使わなくなった幼児用の椅子など、すべてバラバラですが、家から持ち出せるものにしました。

そして、せっかくだから、ピザを自分たちでつくろうということに。

ちょうど家に冷凍ピザのストックもなかったし、自分たちでつくると楽しくておいしいですしね。

24《相手の気持ち》《言われてみれば欲しかったもの》《もうひと手間》《愛着が生まれる余地》

そんなわけで子どもたちと、ピザづくりをしました。

生地《きじ》はホームベーカリーでこね、それを伸ばして具を乗せるところから、子どもも参加。

いろいろな具材を切ってお皿に入れておいて、子どもたちは具とソースの組みあわせを選んで置いていきます。

「何を乗せようかな」と考えて、ワイワイと楽しくつくる。

こうやって**自分でつくると、愛着が湧きます**。

親がさっさとつくってしまう方が圧倒的に速くて楽なのですが、**みんなでつくるための準備**という**《もうひと手間》かける**ことで、**自分で選ぶ**ことができる**《愛着が生まれる余地》が生まれる**のです。

そして、子どもたちが「こっちは、私がつくったピザだよ」と言いながら、みんなで楽しくおいしく食べることができます。

ピザは、食器も少なくてよく、外で食べるのに好都合です。

うちでは、大人はその日の気分に合わせて、だいたいスパークリングのCAVA《カバ》か、赤ワインを飲んでいます。

開放的な外の空気のなかで飲むのは、最高です。

近所迷惑にならないように、音楽は外でかけるのではなく部屋のなかからかけました

24《相手の気持ち》《言われてみれば欲しかったもの》《もうひと手間》《愛着が生まれる余地》

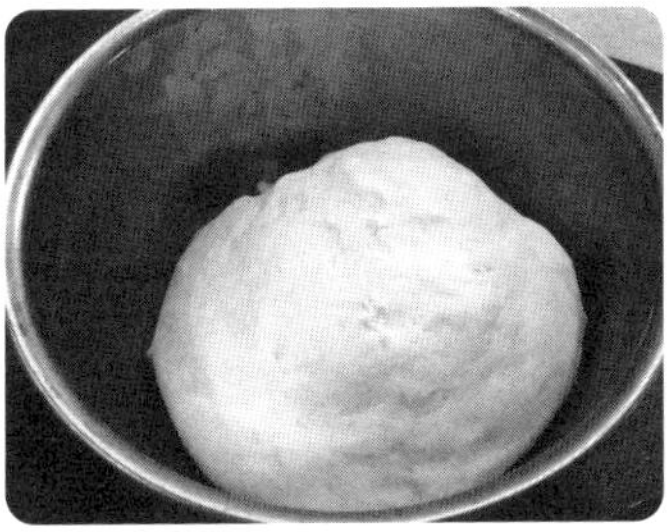

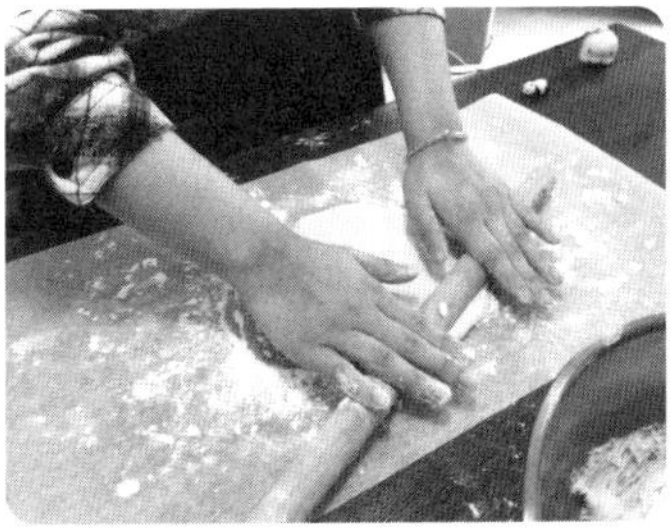

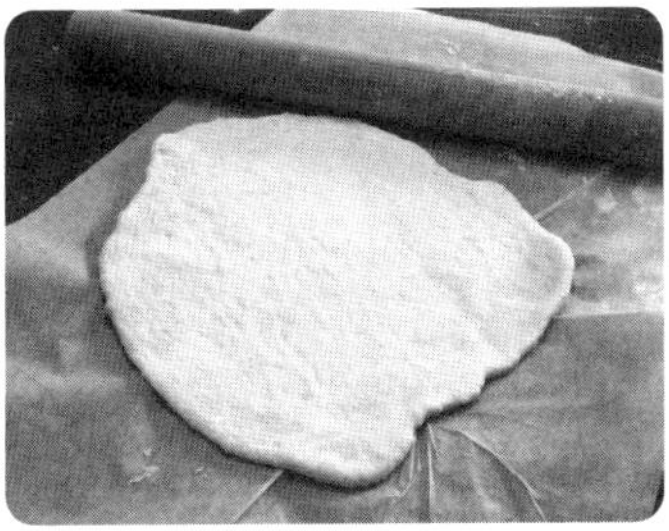

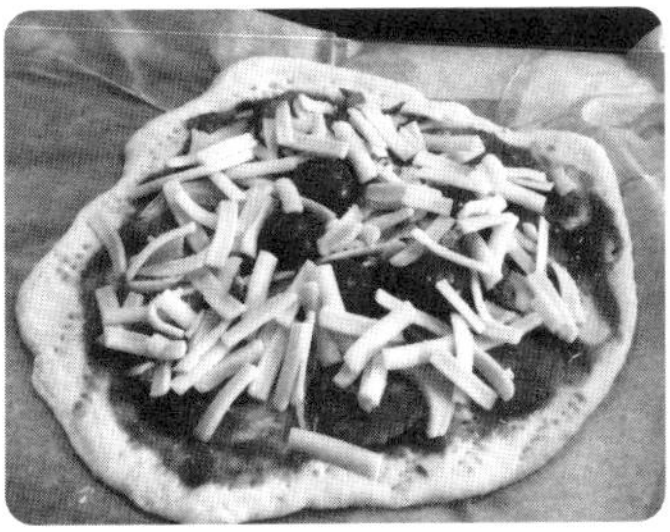

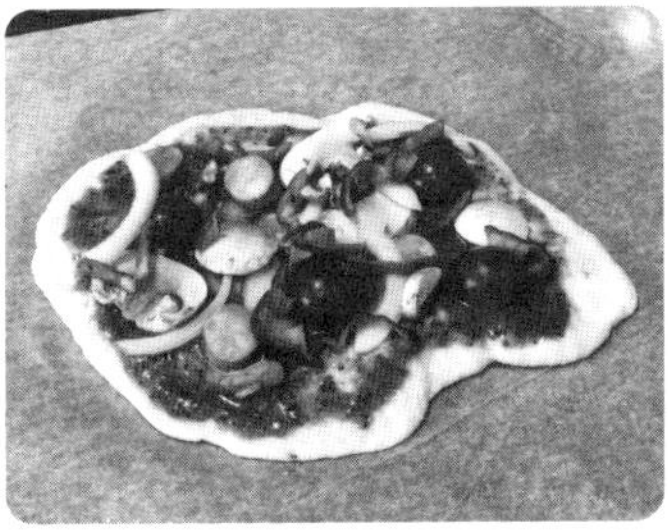

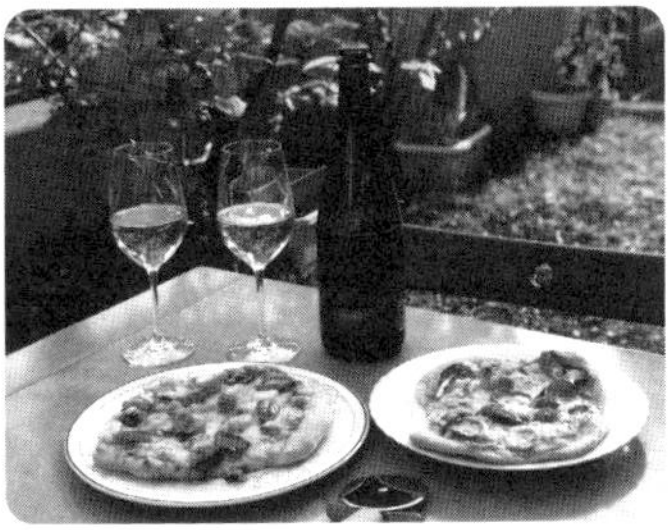

（iPadで）。

ノリのよい音楽が流れると、子どもたちが踊ったりして、さながらアウトドアのパーティーのような夕暮れ。

暗くなってもしばらくの間、外で気持ちよく過ごしました。

これは、一度やると子どもたちが何度もやりたくなるので、気候がよくなったら一度早々にやる方がよいと思います。

実際、今年はゴールデン・ウィーク中に、四回やりました。

ちなみに、うちは**庭**でやりましたが、ベランダでもよいでしょう。

そう思っていたら、友人がまさにベランダで同様のことをやったそうです。

それぞれの環境に応じて、自分たちなりの、ちょっといつもと違う企画を立てる。

そんな、**家でのちょっと特別な企画**、いかがでしょうか？

◀

今紹介したものは少し大掛かりですが、もう少し手軽なものも二つ紹介したいと思います。

まずひとつめは、わが家で大ヒット中の「**夕食バイキング**」です。

子どもって、旅行に行ったときのレストランのバイキング・ビュッフェって大好きですよね。

しかも旅行とセットになって記憶されているから、楽しい記憶と憧れもある。

それを、家の夕飯でやってしまおうという企画です。

でも、バイキングの準備って大変そう……と、心配にならないでください。

用意するご飯は、だいたいいつもと同じなんです。

各自の小分けのお皿には入れず、全員分をまとめて大皿に入れて、並べておきます。

バイキング風にするポイントは、各自の大きめの皿にご飯を置いておいて、そのお皿を子どもに渡すということです。

ご飯は、お茶碗に入れたものをひっくり返して、丸くすると雰囲気が出ます。

そして、そのお皿に、自分が好きなものを乗せていくのです。

好きなものといっても、ある程度、栄養バランスのよい食事をしてほしいので、横で「野菜も少し取ってね」なんて言います。

これは、レストランのバイキング・ビュッフェでも同じですね。

そんなふうにして、自分で自分の皿に取っていく。

好きなものは多めに取ったりして。

これが、**《愛着が生まれる余地》**です。

品数がある程度ある方がバイキングらしくなるので、その部分が、**《もうひと手間》**をかけたところというわけです。

といっても、ブロッコリーを湯がいたのを加えるとか、そういうレベルですけれどもね。


そして、わが家の夕食バイキングが人気なのは、もうひとつ秘密があります。

このバイキング形式のときには、テレビの前の床座りの小テーブルのところで、テレビを見ながら食べてよい、という特別ルールになります。

これで、子どもたちは、めいめいに自分で選んでつくったお皿を持って、テレビの前のテーブルに行きます。

そのとき、大人はというと、いつものダイニング・テーブルで食べて飲みながら、落ち着いた時間を過ごします。

感染の重症化に関する話など、シビアな話題は、あまり子どもの前では話さないようにしているので、こういう機会に、そういうニュースの話や仕事の話などを、大人だけでするこ

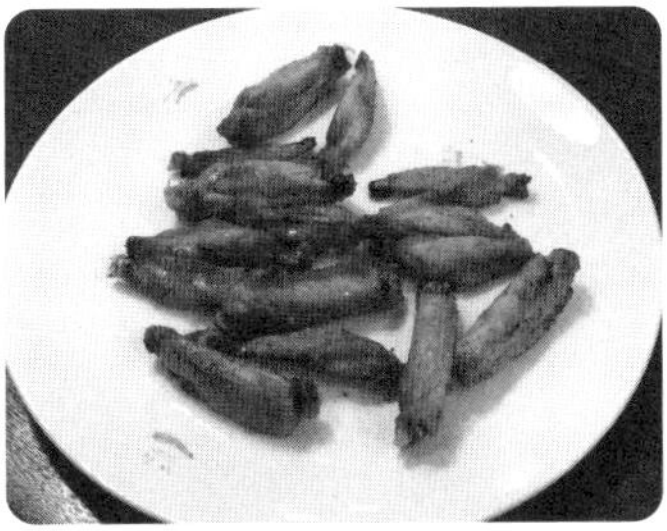
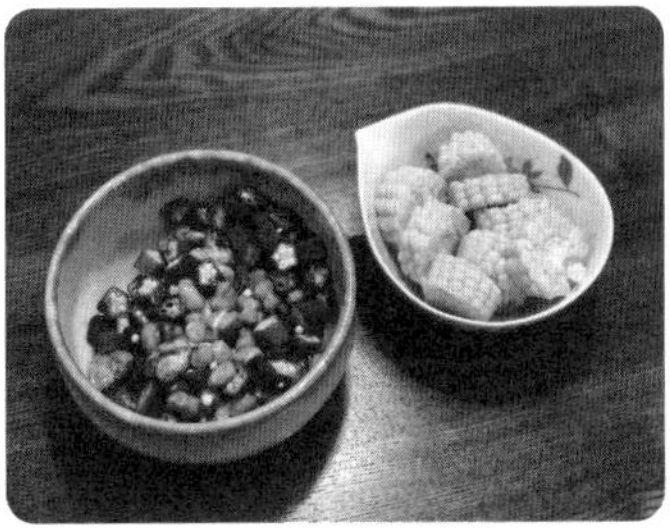
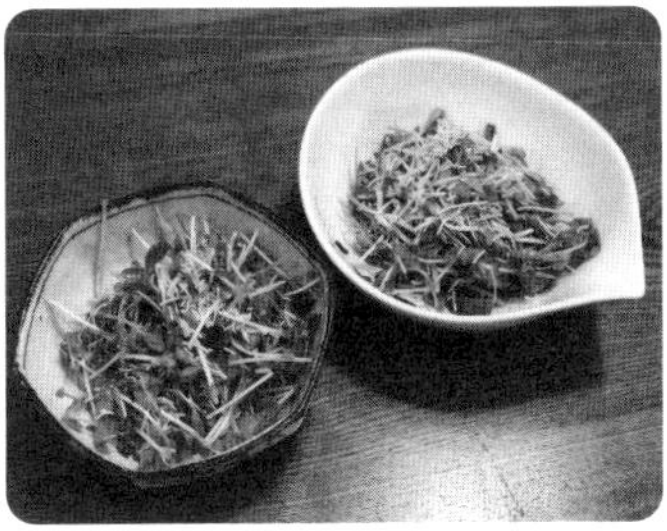
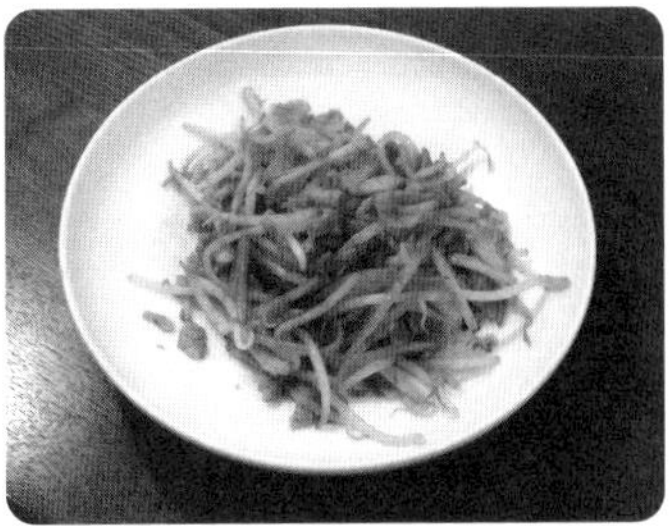
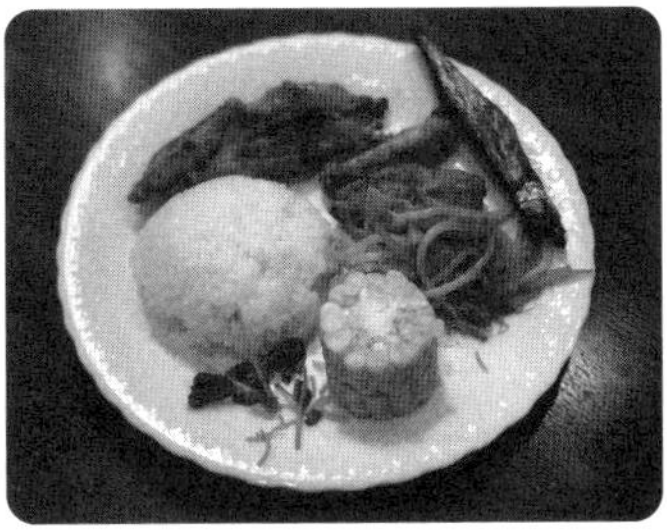
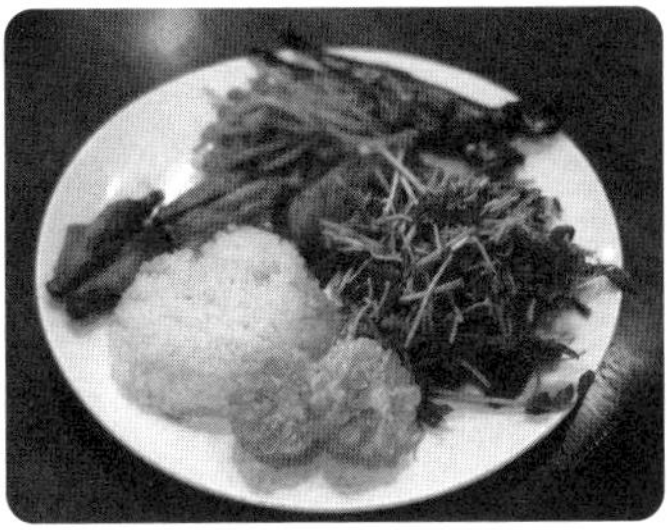

195　**24**《相手の気持ち》《言われてみれば欲しかったもの》《もうひと手間》《愛着が生まれる余地》

とができます。

その意味で、子どもにも大人にもうれしい企画なのです。

こちらにもメリットがある方が、**《もうひと手間》**をかける気になりますからね、その点は重要です。

そんなわけで、わが家では、子どもたちが「今日の夜も、バイキングでいい？　いい？」と聞いてくると、「そうだね、そうしようか！」と大人も乗りやすいのです。

家のなかで、夕飯時に、大人だけでお酒を飲みながらゆっくり話せる機会なんて、なかなかないですからね。

これが、わが家で大ヒット中の「**夕食バイキング**」です。

◀

もうひとつは、ランチに関するものです。

大人も子どもも家にいることが増えると、朝・昼・晩と三食つくることになりますよね。

自分だけなら、ふだんなら昼は外食にしたり、残り物を適当に食べたりして済ませると思いますが、子どももいて、人数も多くなると、そうはいきません。

三食しっかりつくるのは、なかなか大変です。

また、家族の人数と、冷凍のパック○人前の人数が合わなかったりして、一人前だけ残ってしまうとか、よくありませんか？

普段なら、余りは自分が昼に食べてしまったりするわけですが、今はそうはいきません。

そんなわけで、ランチをつくるのを軽減したいということと、半端に余ってしまっているものをなんとかしたいということから生まれたのが、わが家の**「定食屋さん」方式**です。

紙に、**残り物の一覧を書き出して、メニューをつくります。**

そして、家族の一人ひとりに、**どれを食べたいかの注文を取ってまわります。**

「これは、残り一人前しかないんですよね」というものを、もし二人が食べたいと言うのであれば、半分ずつにしてもらい、その分、ほかのものも選んでもらいます。

そうやって、**注文が入ったら、それを準備します。**

残り物を温めたり、冷凍食品を電子レンジでチンしたり。

さっとつくれるチャーハンなどをメニューに加えておいて、その注文が入れば、それもつくります。

そして、それをみんなで食べるわけです。

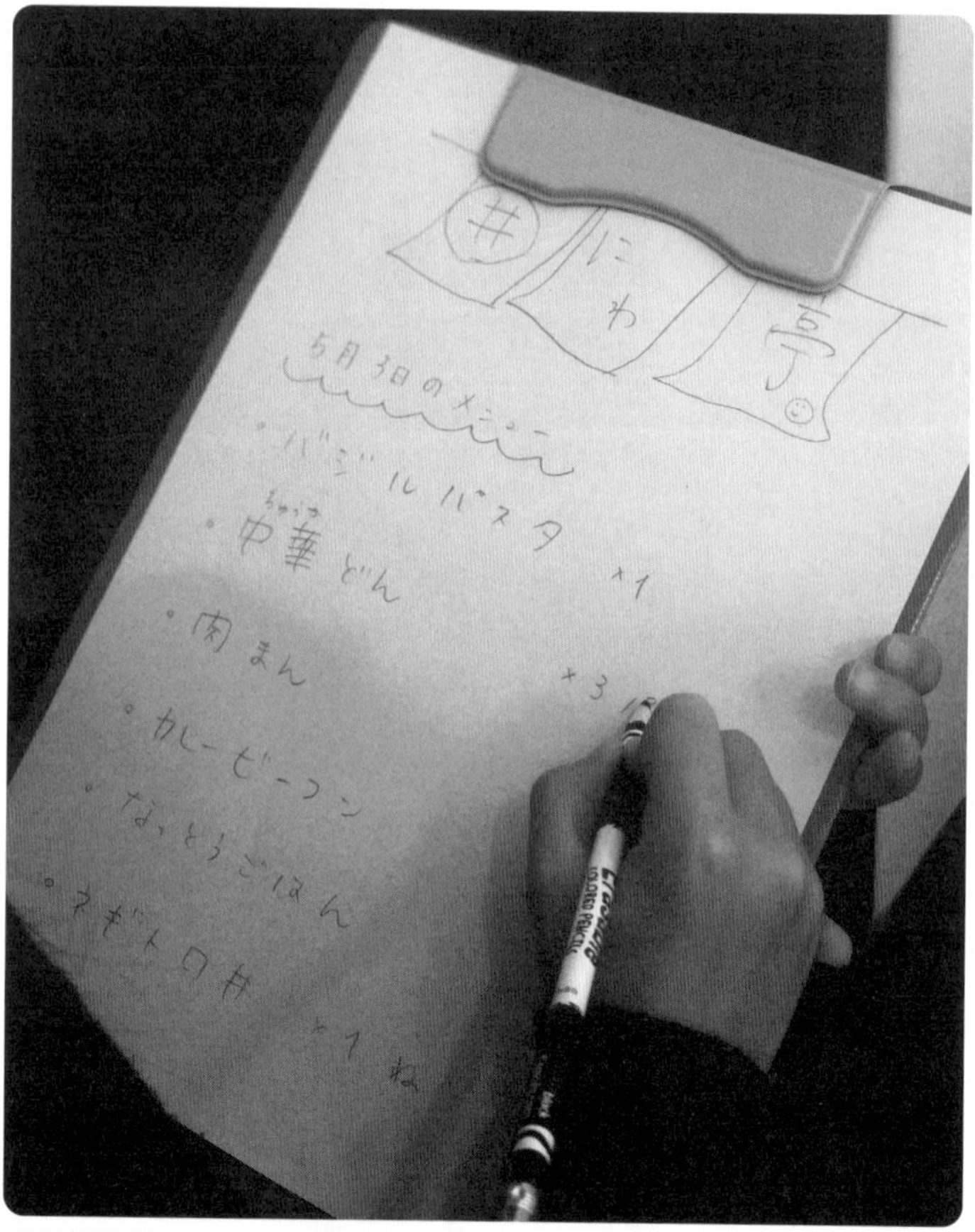
にわ亭
5月3日のメニュー
バジルパスタ
中華どん ×1
肉まん ×3
カレービーフン
なっとうごはん
ネギトロ丼 ×1

そのようなわけで、**「定食屋さん」方式**では、それぞれが違うものを食べることになります。

家庭の食事風景としては、そこだけ見たら「どうしちゃったの？　なんでみんな違うものを食べているの？」と不思議に思うと思いますが、外食の定食屋さんなら、よくある光景です。

こうすると、**ある程度の自由度のなかから自分の好きなものを選ぶことができ**、それを食べることができるので、**うれしい**わけです。

すべてをこちらが決め込まずに、《愛着が生まれる余地》を残して提供する、ということです。

メニューを書いたり、違うものをいくつも温めたりするので、**《もうひと手間》**かかってしまうと言えばかかります。

でも、**残り物がきれいにはけていく**ので、こちらも嫌な気はしません。

そのくらいの手間、たいしたことないですからね。

定食屋さんの名前（屋号）は、遊びのある名前にしています。

うちでは、「井庭《いば》」の名前をもじって、「いにわ亭」という名前にしました。

そんなふうに、**ちょっと遊びを入れる**ことも、「お店の真似ごと」のような楽しさをもたらし、子どもたちにも人気なのです。

以上、**「アウトドア・ディナー」**、**「夕食バイキング」**、**「定食屋さん」**という、わが家の三つの実践を紹介しました。

ほかには、以前からやっているのは、**「ムービー・ナイト」**と言って、みんなでテレビの前でご飯を食べながら映画を観るという夜です。

「ムービー・ナイト」という呼び方は、アメリカの小学校でファミリー向けに開かれていた企画の名前でした。

すでに気づいている方も多いと思いますが、今回紹介した例は、どれも**食事に関するもの**です。

そのことは、重要なポイントです。

なかなか新しいことを追加で何かをやるのは、時間的にも労力的にも厳しいですよね。

大人は仕事も家事もあるし、子どもも意外と忙しいんです。

宿題しなきゃ、ゲームしたい、テレビ見たい、きょうだいで遊びたい……と。

だから、新しい何かを導入するのではなく、**どちらにしても必ず時間を取ることになる食事を楽しく変えていく**というのがよいのです。

家での家族の時間・経験をプロデュースするということには、**おもてなし**の側面と**企画**の側面があります。

《相手の気持ち》になって**《言われてみれば欲しかったもの》**を発想し、**《もうひと手間》**加えて**《愛着が生まれる余地》**があるようにして、**みんなで素敵な時間を過ごしちゃいましょう！**

《相手の気持ち》《もうひと手間》…『おもてなしデザイン・パターン』より

《言われてみれば欲しかったもの》《愛着が生まれる余地》…『プロジェクト・デザイン・パターン』より

25

《自分の仕事から》何ができるか、
《貢献の領域》がどこにあるかを考えて
行動に移す

不要不急な外出の自粛のなか、生活を支える食材・日用品を供給するお店や流通業、
オンラインショップで買った物を配送する宅配業、
人出が激減し、経営的に苦しくなったり閉店を余儀なくされたりする飲食店やサービス業、
オリンピックによるインバウンド需要を見越して投資していた観光業・宿泊業、
自らの感染リスクと隣りあわせのなか、多くの人々を助け続ける医療機関、
重症化する恐れのある高齢者たちが暮らす介護施設、
などなど……。

感染拡大の状況とリスクから、数ヶ月前とは大きく異なる社会状況になり、私たちの暮らしも大きく変わっています。

これまで「当たり前」だと思っていたことが、いつだって「当たり前」ではないのだということを痛感させられます。

そして、私たちの社会生活というものが、いかに移動と相互依存とさまざまな活動で織りなされていたのかということを実感します。

この大きな変化のなかで、人々はいろいろな困難に直面しています。

家のなかで家族とずっと近い距離で過ごし、ストレスが溜まり、
オンラインでのやりとりに疲れ、

新しい環境に慣れず、悩み、
変化に対応しなければならないものの、そのやり方がわからず困る、というように。
新しい状況では、新しい困難・悩み・問題が出てくるものです。

◀

そこで、**今の世のなか・人々に対して、自分の仕事・専門から貢献できることは何かを考え、動く**ようにします。

以前から存在した仕事や職業は、以前の社会状況のなかで必要だったものでしょう。

それが繰り返し必要となったから、仕事・職業としてかたちづくられてきたのです。

でも、今は、この新しい状況のニーズに応えるような仕事・職業が確立されていません。

その結果、いろいろなところで生じている困難・悩み・問題に対応してくれる人や組織がないというのが現状です。

そうして、それらは未解決のまま、続いていくことになります。

そこで、**自分の仕事・専門から見て、今、貢献できることは何かを自分で見極め、それを実践していく**、ということが重要となります。

自分の仕事や専門から見ると、**ここは自分が何とかできるかもしれないと思うところ**が、いろいろあるはずです。

「プロボノ」という、プロとしての力をボランティア的に活かすという言葉がありますね。それと、同じような発想です。

《自分の仕事から》何ができるのか、どういう貢献ができそうか、その**《貢献の領域》を探す**のです。

僕の例でいうと、まず、本書が、それにあたります。

これまで僕は、暮らしや仕事・活動のコツ・秘訣を言語化して共有することで、多くの人々の実践を支援する研究をしてきました。

自分の仕事から
自分たちには一体何ができるだろうか？
ゆっくりレジ

貢献の領域
自分をどこで活かせるのかを考える。

そこで、僕にできることとして、みなさんの今の大変な状況のなかでの暮らしを少しでもよりよくするお手伝いができればと思い、一日一テーマずつ執筆を始めました。

《自分の仕事から》考えた**《貢献の領域》**というわけです。

ほかにも、僕は、オンライン授業や遠隔ミーティング・テレワークのコツ・秘訣を言語化するという活動を始め、そのための情報共有のフェイスブック・グループも立ち上げました。

■オンライン授業のコツ・知恵・経験談の共有（よりよいオンライン授業を目指して）
https://www.facebook.com/groups/online.education.wisdom/

■遠隔ミーティング&テレワークのコツ・知恵・経験談の共有
https://www.facebook.com/groups/remotework.wisdom/

これらのグループには、何千人という方々が参加していて、ニーズ・関心の強さを感じます。

これらも、いきなりこれまでと違う教育環境や働き方にシフトすることを支援するという、僕らなりのやり方での貢献ができればと思って取り組んでいます。

さらに、こんな状況だからこそ、自分（たち）の日々の暮らしの「幸せ」をつくり、感じられるように、僕らが生み出した新しい方法「**幸せのたまご**」を紹介する発信をしました。

■わくわく博士とたまごちゃんの「幸せのたまご」note
https://note.com/shiawasenotamago

これも、実践している人、興味がある人のコミュニティをつくろうと、フェイスブック・グループを立ち上げました。日々、素敵な実践レポートが投稿されていて、みなさんが暮らしに活かしていただいていることを感じられます。

■「幸せのたまご」実践共有コミュニティ
https://www.facebook.com/groups/shiawasenotamago/

▶

このように、**《自分の仕事から》**発想して、できること、役に立てそうなことを考えます。

これは個人でやる場合もあれば、自分が所属している組織・会社でやるのがよい場合もあるでしょう。

「うちの会社なら」、「うちの業界なら」、「自分のような知識・スキル・経験をもった人なら」、一体何ができるだろうか？

そう考えてみると、いろいろなことができそうだとわかるでしょう。

それを、自分の時間の一部をつかって、そして、周囲の人にも声をかけつつ、実践していくのです。

そうやって、**新しい貢献の仕方を生み出し、助けあい、高めあっていく**ことで、この大変な**状況を少しでもよりよくし、みんなで乗り越えていく**ことができるようになるでしょう。

また、自分の仕事や感覚を、以前の社会の状態に固執させることも防げるような気がします。

自分の日々の暮らしも大変ではありますが、**少しずつ、自分の得意なこと・できることを出しあって、相互に助けあえる社会**にしていけるとよいですね。

《自分の仕事から》…『旅のことば』より
《貢献の領域》…『コラボレーション・パターン』より

26

《ひとつの実験》として、
自らの《生き方の創造》をし、
《伝説をつくる》くらいの気持ちでいると、
試み・挑戦が面白くなる

今、大きく変化した新しい状況になんとかついていこうと、自分を状況に合わせることが増えています。

この新しい状況に適応して、なんとかやっていきたい。

そうがんばればがんばるほど、ますます状況依存になり、自分の主体性は削がれていってしまいます。

▼

そこで、新しい状況に対して、リアクティブ（状況に反応し合わせるよう）に対応するだけではなく、**変化の波に乗ってプロアクティブ**（**前のめりで積極的**）**に発想し、「自分が新しいモデル・ケースになろう」というくらいの気持ちで前進・開拓・先導していきます。**

まず、**自分の新しく取る行動・活動を、《ひとつの実験》だと捉えてみます。**

どうなるかわからないことも、**「実験」だと思えば、**思った通りに**うまくできなくたって、失敗したって、**それを知ること自体に**価値がある**と思えます。

実験というのは、仮説をもって臨み、それが成り立つことを期待しますが、もしその仮説が間違っているという結果になったとしても、そのこともひとつの重要な知見なのです。

「今、自分は《ひとつの実験》をしているのだ」と思うことで、**思い切ったことにも挑戦しやすくなります。**

しかも、私たちは今、仕事や生活上の小さな変化ではなく、**《生き方の創造》**とでも言うべき大きな変革が求められている節目の時期にいるのではないでしょうか？

ここで、今の状況のなかで未来の**「自分の生き方」をつくる**ということは、**自分の人生を切り拓き、それを生きる**ということにほかなりません。

そして、そのことは、今後、誰かに何かを語ったり、教えたりするときにも大きな影響をもたらすでしょう。

今の状況で何も新しい変化を生み出さず、変わらなかった人が、今後「クリエイティブ」や「イノベーション」、「自分らしく生きる」ということを正面切って語ることなどできるわけがありません。

語ったとしても、聴いている人は、言葉だけの表面的な印象を受け、違和感も感じることになるでしょう。

逆に、この状況でいろいろな実験や挑戦をし、新しいことを生み出し、自らも変わっていった人は、今後、そのことを熱く語り、多くの人がその経験談やメッセージに耳を傾けることになるでしょう。

《生き方の創造》をすることは、自らの生き方をつくるだけでなく、**今後、自分が発信することの前提の基盤となる**のです。

さらに、どうせ実験し、創造するなら、**一種の《伝説をつくる》つもりで、本腰を入れて取り組む**ようにするとよいでしょう。

今の状況での自分の実験や挑戦、生み出したものが**「伝説」として語り継がれる——そのくらいのものにしようと、がんばる**わけです。

ひとつの実験
実験だと思って試してみると、
新しい発見がある。

生き方の創造
プレゼンテーションは
生き様を反映する。

伝説をつくる
語り継がれるものを目指す。

もちろん、実際に「伝説」になるかどうかは自分で決められるものではありません。

しかし、「伝説」になるくらいのすごみやインパクトというものは、取り組んでいるときから自分も感じるものですし、それを込めることもできます。

このように、自分のやることを**《ひとつの実験》**として捉え、自らの**《生き方の創造》**をし、**《伝説をつくる》**つもりで取り組んでいきます。

▼

そうすると、状況にただ対処して後手後手になってしまうのではなく、**今を、自分の人生にとって大きな意味のある前向きな時期にする**ことができます。

現在は新型コロナウィルスの影響で、予定していたようには物事が進まなくなり、これまで築き上げてきたものが崩れてしまったり、壊れてしまったりしそうな危機的な状況です。

そういう状況でも、人は、強く前に進むことができます。

そういう状況でこそ、人の力強さが発揮されると言ってもよいでしょう。

あとから振り返ったときに、この時期はただの辛い苦難の時期だったと思うのか、**「この**

ときがあったから、今の自分がある」と思える転機の時期になるのか——その答えは、**自分次第**なのです。

今の状況では、生活・仕事をなんとか回して、維持していくことで精一杯だというのが、実際のところでしょう。

でも、**こんなときこそ、自分の人生をつくっていくという強い意志を持つことで、自らを奮い立たせて、この難局を乗り越えていく**ことができるのです。

一歩ずつ、一歩ずつ——せっかくなら、**力強い、魅力的な歩みに**していきましょう！

《ひとつの実験》…『日々の世界のつくりかた』より
《生き方の創造》…『プレゼンテーション・パターン』より
《伝説をつくる》…『コラボレーション・パターン』より

27

ぼーっとしたり好きなことをしたりする
《自分の時間》は、
元気をチャージする《充電タイム》として、
きちんと取るようにする

外出自粛や、在宅勤務、学校の変則的な運用の影響で、家族と家のなかで過ごす時間がほとんどです。

そうすると、何かを考えたりやったりしている途中でも、誰かが何かを言ってきたり、やらかしたりして、自分のしていることを中断せざるを得なくなります。

通勤・通学の時間や、一人で家事をしていた時間、街でショッピングをしていた時間など、日ごろ何気なく持つことができていた一人の時間が取りにくくなっています。

移動や外出の時間は、無駄なものだったのではなく、一人でぼーっとしたり、考えごとをしたりできる大切な時間だったのだと、気づかされます。

みんなでいることは幸せなことではありますが、一人で自分のペースで何かをしたり、ぼーっとしたり、考えごとをしたりする時間も不可欠です。

そういう時間がなくなると、自分というものがバラバラに引き裂かれているように感じられ、イライラしたり悲しくなったりしてしまいます。

◀

そこで、**何とか自分一人の時間を確保し、エネルギーを充電できるように工夫をします。**

たとえば、**自分の部屋に一人でこもる時間**をつくります。

自分が自分であるための時間を確保するのです。

日中だけでなく、早朝、早起きして一人の時間をつくったり、夜に一人で部屋にこもったりするのもよいでしょう。

好きな音楽を聴いたり、楽器を弾いたり、本を読んだり、ぼーっとしたり。

そういう**趣味や好きなことをする時間**は、**自分を元気にしてくれます。**

そういう時間を、一日一〇分でも二〇分でも持てるか否かで、大違いです。

あるいは、部屋にこもって何かをするのではなく、**一人で散歩に出かけ、光や風を感じる**のもよいですね。

子どもがいる場合は、「子どもをつれていく日」と「一人で歩く日」を夫婦で分担するのも、ひとつの方法です。

庭の草木に水をやったり、**庭仕事**をしたりするのも、一人になりやすい時間です。

慣れている料理をする時間も、頭の整理に結構適しています（慣れない料理だと、レシピを見たりして、注意深くなりますが）。

単純な片付けや**掃除**、**洗濯干し**、**風呂掃除**なども、家族は近寄ってこないので（魅力的な作業ではないですし、手伝わされると警戒して）、意外と一人になりやすい時間です。

こんなふうに、横槍が入らずに、**好きなことをする時間**や、**一人でぼーっとしたり黙々と作業したりする時間**は、**精神的な落ち着きのためにとても大切な時間**です。《**自分の時間**》を取り、それを自分のエネルギーの《**充電タイム**》にするのです。

自分の時間
その時間は、自分を通じて
みんなの笑顔につながる。

充電タイム
バリバリがんばるためにも、
自分らしい時間を大切にする。

そういう時間を持つことができると、**気持ちの荒廃《こうはい》が和らぎ、前向きに過ごすことができる**ようになります。

そうなると、**家族との関係・暮らしもよりよいものになる**でしょう。

つまり、**《自分の時間》**は、「自分のためだけの時間」ではないのです。

それは、**「家族のためにもなる時間」**なのです。

家族とよりよい関係・暮らしをしていくためには、**《自分の時間》《充電タイム》**を取ることが不可欠です。

そう考えれば、そういう時間を取ることに、後ろめたさは感じにくくなるでしょう。

だって、**その効果は、自分だけでなく、家族みんなが受け取る**のですから。

そして、このことは自分だけに当てはまるのではなく、家族の一人ひとりにも同様です。

家族のほかのメンバーが《**自分の時間**》《**充電タイム**》を取ることも認めましょう。

そうやって、**一日のなかで、それぞれが《自分の時間》《充電タイム》を取れるように融通しあい、工夫していく**ことで、**家族の関係性・暮らしはよりよいものになっていきます。**

さて、今から少しの間、**元気を充電する**としましょうか。

《自分の時間》…『旅のことば』より
《充電タイム》…『園づくりのことば』より

28

ときには弱い自分も認めて
《弱さの共有》をすると、
それを一緒に乗り越えた
《未来への仲間》をつくることになる

普段とは違うこういう状況では、日々がんばっているにもかかわらず、なかなか大変さは減りません。

やらなければならないこと、気にかけなければならないことがたくさんあり、そのひとつひとつを片付けていっても、またどんどん増えていきます。

昨日までうまくいっていたことが、突然うまくいかなくなったりもします。

突発的な問題が起き、それに対応しなければならなくなったりもします。

心身の疲れからミスや失敗をしてしまい、それがしばらくあとを引くこともあります。

これだけがんばっていても、根本的なところが改善しない以上、苦しい状況は続いていきそうです。

それでもなんとか、エネルギーをチャージしながら、がんばっていくしかなさそうです。

そうわかっていても、ときには弱音を吐きたくなることだってありますよね。

▼

そういうとき、**ときには、家族や仲間に弱音を吐いてもよい**のです。

いつでもどんなときでも強くある、という必要はありません。

強さも弱さも両方持っているのが、人間というものです。**弱い部分があるということは、とても人間的だということ**なのです。

だから、ときには、**《弱さの共有》**をしてみましょう。

家族や仲間に打ち明けてみるのです。

「今こういうことになっていて、つらい状況なんだ」

「ごめん、実はこういうことが起きていて、やるはずだったこれができなさそうなんだ」

誰だって、弱い自分を見せるのは嫌なものです。

だから、強くあろうとして、弱い自分に蓋《ふた》をして、見て見ぬ振りをしてしまいます。

そういうことが短時間ならばよいですが、長く続くとどこかで無理が生じてしまいますし、実際気持ちが立ち向かえていないことはうまくできず、結果、まわりに迷惑をかけることにもなりかねません。

弱い部分も含めて、それが自分であり人間的なのだと考えることができれば、**《弱さの共有》は自然とできるようになる**でしょう。

そうやって打ち明けたとき、家族や仲間が、弱い部分やできないことに対して責めたり攻撃したりしてくることはまずないでしょう。

そうではなく、共感しながら、「大丈夫だよ」と声をかけ、寄り添ってくれるはずです。あるいは、手伝ってくれたり、代わりにやってくれたりするかもしれません。いつもさぼっていたり、何もしてこなかったりしたわけではないわけですから。

このとき、打ち明けられた方は、それだけ信頼してもらえているということを感じ、頼られていることをうれしく、また誇りに思うかもしれません。

また、この事態を一歩引いて全体を見ると、**チームの一体感が増している**瞬間でもあります。

《弱さの共有》は、家族や仲間との絆を強くすることにつながるのです。

そして、このように、気持ちが通じあいながら、困難を一緒に乗り越えていく。

そういう事態をともにした人と人は、その**共有体験がかけがえのないものとなり、強い絆で結ばれた《未来への仲間》**になるのです。

弱さは、弱いまま終わるのではなく、強さに変わって返ってきます。

だからこそ、自分の弱さを認め、《弱さの共有》をすることは、「自分の生きる世界」をつくっていくことにつながるのです。

このような困難な状況においては、強くあろうと、力んでしまいがちです。

そのこと自体は、決して悪いことではありませんが、そうやって強く強くと思っていると、ひどく疲れてしまうことがあります。

弱さがあるのは、人間的であるということ。

そう思って、ときには、その弱さをもつ自分を認めることが、今こそ大切なのです。

あまり無理をしすぎないように、**弱い自分も認めながら、できることからやっていきましょう！**

《弱さの共有》…『コラボレーション・パターン』より
《未来への仲間》…『対話のことば』より

未来への仲間
対話の体験を共有した
心強い仲間たち。

29

自分のスケジュールに
《本との先約》を入れておくだけで、
読書時間を確保できるようになる

日々やることがたくさんあり、遠隔会議やオンライン授業など、いろいろな予定が立て込んでいます。

そういうバタバタと忙しい日々を送っていると、読みたい本や読まなければならない本があるとしても、どうしても後回しになりがちです。

たとえば、空き時間に読もうと思っていても、そんな「空き時間」はいつまでたってもやって来ません。

普段なら、電車のなかで読んでいたという人も、在宅勤務やオンライン授業になって通勤・通学しなくなったため読書時間が減ったという人も多いでしょう。

本が苦手だという人は、なかなか本を読むということに辿りつきません。

本が好きな人でも、本を読む時間を取るのに苦労します。

これは、多くの人が抱える悩みなのです。

それでは、いったい、どうしたらよいのでしょうか？

◀

そういうときには、**本を読むということも「ひとつの予定」として、しっかりとスケ**

ジュールに組み込むようにします。

具体的に言うと、**「この日の何時から何時までは本を読む時間」と決め、スケジュール帳に書き込む**のです。

ほかの人との予定だけをスケジュール帳に書き込んでいると、空き時間はどんどん埋まってしまい、人との予定ばかりで、自分一人でやる読書の時間は確保できなくなってしまいます。

だから、その時間が重要なものであるなら、**ほかの人との予定と同じプライオリティ（優先順位）で、本を読むという予定を位置づける**ようにします。

それは、何月何日という特定の日時でも構いませんし、毎日の寝る前や、朝起きてからご飯を食べるまで、などという決め方でも構いません。

そして、その時間にほかの予定が入りそうになったら、《本との先約》があるということで、「ごめん、ちょっとその日のその時間は、予定がある。代わりに、○日の△時は？」と、はっきり言うことができます。

もちろん、「ちょっと調整して、また連絡するね」と言って、ほかの日時に移動できるかどうかを手帳とにらめっこして確かめるという、柔軟性を持つこともできます。

同様に、**「自分のことは空き時間に」という発想をやめる**ことです。

それが自分にとって重要なのであれば、**自分一人でやることもきちんと予定として計画しておく。**

そのことが、自分の時間を確保するための最大のコツなのです。

▼

《本との先約》の予定を入れたことで、ほかの人との予定が入れられないのであれば、それは、そのような無理な状況自体を見直すべきなのかもしれません。

思考・想像の糧を得たり、創造的な刺激を受けたり、考えを深めたりする時間は、とても大切です。

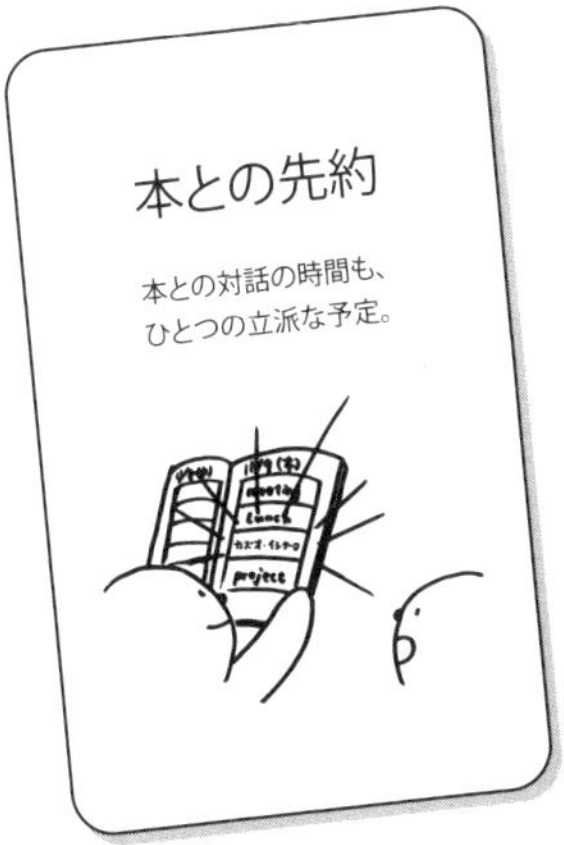
本との先約
本との対話の時間も、
ひとつの立派な予定。

それゆえ、暮らしのなかでのそのプライオリティを上げることは、誰にも批判したり否定したりしようがありません。

こうして、**自分一人でやることとの時間を確保することは、自分自身との約束を果たすことでもある**のです。

自分にとって本当に重要なのであれば、**《本《ほん》との先約》**こそ「**本当の先約**」と言うべきものだと言えるでしょう。

しかも、**読書は「本との対話」**です。

それは、**遠く離れた著者との対話**と言ってもよいかもしれません。

その意味で読書は、身近な誰かとの予定同様に、**著者との予定**と言うこともできるでしょう。

そう考えれば、もはやそれは、自分だけの予定ではないのです。

さて、今週は、いつどの本とのアポイントメントを入れましょうか？

《本との先約》…『Life with Reading - 読書の秘訣』より

30

すべてがオンラインに乗っているからこそ、
絶好の《学びのチャンス》だと捉え、
飛び込んでみる

リアルな場で集まり難くなって以降、これまで教室というリアルな場で行われていた教育や習い事の多くが、オンライン上に移行しました。

塾や習い事の教室は自身の生き残りがかかっていることもあり、インターネットを介した遠隔で、よいサービスを提供しようとがんばっています。

しかし、それでも、これまでリアルの場に通っていた人たちからすると、リアルのときの良さが損なわれてしまっていると感じる人もいるかもしれません。

リアルとオンラインでは、経験の質が別物だからです。

ところが、実は**学びの環境のオンライン化は、まったく別の可能性も生み出しています。**

これまで通っていなかった人たちに、大きなチャンスがもたらされているのです。

通うには遠いからとあきらめていた塾や教室にも、オンライン参加できるようになりました。

そして、さらに、これまで対象にも思っていなかった、国内の遠い地域のものや海外のものまで、候補に入れられるようになりました。

オンライン化によって、現在、かつてないほど多様な学びの場を選ぶことができるようになっているのです。

そこで、**すべてがオンラインに乗っている今こそ、絶好の《学びのチャンス》だと捉え、新しい学びの場に飛び込んでみます。**

まず、これまで行きたかったけど、通うには遠いからとあきらめていたところがオンラインでのサービスを始めているかを、ホームページで調べてみましょう。

あるいは、自分の目的に合いそうなオンライン・サービスがないか、キーワードで検索して探してみましょう。

もう地理的な制約・条件に囚われる必要はありません。

学びのチャンス
学びの機会は、自らつくり出すものだ。

北海道から沖縄まで、全国どの地域のものでも自分たちの選択肢・候補とすることができます。

さらに、海外のものにも目を向けてみると、さらに多様な優れたサービスに出会うはずです。

海外のものをリアルタイムで受けるには、時差のことを考える必要があります。

海外との時差を考えるときに、僕がよく使っているのは、「時差計算」（https://www.jisakeisan.com）というサイトです。

このサイトは結構便利で、一昨年・昨年にアメリカに住んでいたときに、日本にいる人との予定の調整によく使っていました。

わが家では、子どもに行かせてあげたいなと思っていながら、地理的に通うには遠いためにあきらめていた、特徴のある塾にオンラインで参加し始めました。

また、日本と海外をつなぐオンライン・イベントに子どもが参加したり、ウェビナー（ウェブ上のセミナーということからそう呼ばれていますが、オンライン・セミナーのことです）を一緒に見たりしています。

僕も、前から興味があったオンラインサロンに入って、メンバー向けのレクチャー動画を見るようになりました。

僕は仕事柄、自分も講演をしますが、これまでも、興味がある分野や人の講演を聴きに行ったり、シンポジウムを見に行ったりということを、時間の許す限りしていました。

でも、都内に出るという移動時間や、仕事・生活上との兼ねあいであきらめなければならなかったことも多かったのですが、最近のオンライン化で、いろいろなものに参加しやすくなりました。

リアルタイムではない**アーカイブ（蓄積）されているコンテンツは、こちらのペースで、こちらの好きなときに見ることができる**ので、実に助かります。

ウェビナーやストリーミングの場合は、こちらの映像も音声はオフになっているので、**こちらがどのような状況であっても聴くことができます**。

部屋で一人でじっくり聴くこともできれば、家族と一緒に聴くこともできます。

赤ちゃんが泣いたり、子どもが騒いだりしても、主催者やほかの参加者に迷惑がかかることはありません。

もっと言えば、料理しながらでも、ご飯を食べながらでも、食器を洗いながらでも、洗濯を干しながらでも、部屋の片付け・整理をしながらでも、聴くことができます（話が理解できるくらいの作業であれば)。

つまり、**暮らしと学びの機会を重ねることができる**のです。

子どもや家事の関係で、途中で都合が悪くなれば、そこから一度抜けたり停止したりして、対応することもできます。

▼

これは、大きなチャンスです。

移動時間を含めて四、五時間など、しっかり時間を取らなければならなかったイベント参加が、家にいながらできるようになったのです。

この絶好の機会を活かさない手はありません。

《学びのチャンス》は、与えられるものではなく、自らつくりだすものです。

多様で豊富なチャンスを活かすかどうかは、自分次第なのです。

今は、いろいろな制約から不自由ばかりを感じますが、よく見るとチャンスも広がっています。

そういうチャンスに目を向けて、**この機会にしか得られない体験をしていく**とよいでしょう。

さて、どんなチャンスをつかみに行きますか？

《学びのチャンス》…『ラーニング・パターン』より

31

写真や絵を見て感じたことを語りあい、
自分の《こだわりのポイント》を探りながら、
自宅で《感性を磨く》

人は、いろいろな体験をするなかで、感性を育んでいきます。

しかし、現在、どこかに出かけたり、遠出したりするということは、移動中や移動先での感染のリスクを考えると、まだまだ難しそうです。

そうなると、子どもの成長にとっては、空白の時期になってしまうかもしれません。

そこで、**家にいながら《感性を磨く》ことができる工夫**をしてみます。

わが家では、最近、「**好きなもの語り**」の企画が流行っています。

感性を磨く
豊かで深みのある
クオリティを感じ、味わう。

用意された**写真・絵のなかから、自分が好きだと思うものを選び、その理由を語る**のです。

写真・絵は、**Ｇｏｏｇｌｅで画像検索**をして、用意します。

そのときの検索ワードは、「きれいな虹」や「きれいなドレス」、「素敵な景色」、「かわいいパンダ」など、家族のみんなが楽しめそうなテーマにします。

そうすると、魅力的な写真や絵が、ずらっと出てきます。

その画像検索の結果のページを、家族の人数のページ分、プリントアウトします。

五人家族なら五ページまでプリントアウトするのです（同じものを五セットつくるのではなく、各ページ一枚ずつで、計五枚になります）。

そして、夕食のときに、一人一枚ずつ手にして、その紙のなかから**自分が一番好きなものを探します**。

どうしても複数好きなものがある場合には、順位をつけるようにしています。

そして、**一人ずつ、どれが好きかをみんなに紹介し、好きだと思った理由を言います**。

そして、全員が話し終わったら、自分が見た紙を時計回りに、隣の人に渡します。

そうしたら、再度、新しく手にした紙で同じことをします。

最終的に、すべての紙について語るまで繰り返します（話が逸れたり飽きたりして、途中で終わることもあります）。

ハワイ 火山
ハワイ ココヘッド
photolibrary.jp

このようにして、「素敵！」「きれい！」「かわいい！」という心の動きや「これ、好きだなぁ」と思う気持ちをつかみ、さらに、どうしてそう感じるのかを言葉にして語っていくのです。

そうしていると、だんだんと、自分や家族の《**こだわりのポイント**》が見えてきます。

これは、**自分がどういうものが好きなのかということを知る**とともに、**感じたこと・思ったことを言語化する練習**にもなります。

しかも、それは**楽しい時間**になります。

何しろそこに並んでいるのは、とても魅力的な写真・絵ばかりですから。

教科の学習のように、どこかに唯一の正解があるわけではなく、**それぞれに自分が思ったことが「正解」なので、間違うことがありません**。

だから、合っているかどうかを気にして語ることができない、なんてことは起きません。

また、誰かに否定されることも、採点されることもありません。

誰でも安心して、「自分の思ったこと」を言うことができるのです。

子どもは、最初は好きな理由をうまく言えないものですが、一緒に参加している大人たちの語りを聴いているうちに、しばらくすると、どのように自分の思いを表現したらよいのかのコツをつかんでいきます。

こうして徐々に、**自分が好きな理由を、自分の言葉で表現できるようになっていく**のです。

▼

もうひとつ、最近わが家でやっているのは、「**芸術対話**」です。

ひとつの絵画や彫刻などについて、語りあうのです。

今度は、たくさんあるなかから好きなものを選ぶのではなく、ひとつの作品にみんなでじっくり向きあいます。

まず、絵画や彫刻などをインターネットで検索した結果や、美術館で買った絵ハガキなどを用意します。

こだわりのポイント
自分なりの判断基準をつくっていく。

それを見ながら、その絵や彫刻に**何が描かれているのか・表現されているのか**について、それぞれが、**自分が思ったことを言っていきます。**

たとえば最初は「女の子がいる」とか「青いソファがある」というような目に見えることから始まるのが多いでしょう。

それから、「この子はどういう気持ちなんだろう？」「どんなことを考えているんだろう？」「どうしてこういう表情をしているのかな？」という、目に見えないことについて、疑問を投げかけ、語りあうのです。

最後に、**この絵についてどう思うか、自分の気持ちや感想について話します。**

僕も、見えるもの、感じたことを語ります。

ここでは、事実について知るというよりも、自分たちが思ったこと・感じたことを語り、共有することを大切にします。

これが、わが家で最近やっている「**芸術対話**」の会です。

子どもたちが好きなのは「好きなもの語り」の方なので、そちらを中心としながら、たまにこの「芸術対話」も入れています。

この芸術対話の会をやっていたら、僕のなかで昔、疑問に思ったことについて、気づきがありました。

それは、今から十年ほど前、アメリカのボストンに住んでいたときに、美術館で見かけた光景についてです。

平日に美術館に行くと、幼稚園か小学校低学年くらいの**子どもたちのグループ**によく出会いました。

先生らしき大人と、十人から十五人くらいの子どもたちです。

みんなで、ひとつの大きな絵の前に座り込んでいます。

その光景を見て、「アメリカではずいぶんと早い時期から、本格的な芸術観賞をさせるんだなぁ」と、驚くとともに、感心したものです。

しかし、こんな小さな子どもたちに芸術の解説をしてわかるのかな、と疑問にも思いました。

そのときは、先生がその芸術作品について説明しているのだと思っていたからです。

でも、家で「芸術対話」をやってみて、たぶん、あの場でも、先生が解説していたのではなかったのだろう、と思うようになりました。

おそらく、絵を前にしてみんなで語りあっていたのではないか、と気づいたのです。

本当のところはわかりません。

でも、そう思うのには、ほかにも理由があります。

子どもが通うキンダーガーテンに絵本の朗読のボランティアに行ったことがあります。

そのときに、僕が絵本を読んだあと、先生は、子どもたちに**「好きだったところ」**(favorite part) を聞きました。

子どもたちは、(いつものように) 次々と手を挙げ、自分の好きな箇所を言いました (このとき興味深かったのは、ほかの人との重なりを一切気にしないで発言するということでした。日本なら、誰かが言ったところはもう言わないとか、「〇〇さんと同じですが」と前置きを言ったりしそうなものですが、何度も何度も同じ箇所について子どもたちは発言していました。誰かが言ったから言わないのではなく、自分が思ったら、それを自分の意見として言う、という教育が小さいころからされているんだなぁと感心しました)。

おそらく、美術館でもそういうやりとりをしていたのではないでしょうか。

芸術作品について、事実の説明から入るのではなく、**自分が見つけたもの・感じたことを語ることから始める**、というのはとてもよいなと最近強く感じています。

そうやって、**「自分の感性」を育んでいく**のです。

しかも、ほかの人の発言も聞き、多様性を感じるとともに、ときにはそれを内面化したりしながら。

本当は、美術館やギャラリーに行って、本物を見ながらそういうことができるとよいのですが、今のこの状況ですし、その面白さを味わう前だと、連れて行っても、なかなかうまくいかないのではないかと思います。

子どもたちは、すぐ「つまんな〜い」と、なりがちでしょう。

だから、まずは家でそういうことをやって、気楽に、**その面白さを味わうことから始めるとよいのではないかと思います。**

家にいても、いろいろなものに触れ、自分の《こだわりのポイント》を探りながら、《感性を磨く》ことはできるのです。

さて、どんな検索ワードで始めてみますか？

《こだわりのポイント》…『ミラパタ（未来の自分をつくる場所）』より

《感性を磨く》…『コラボレーション・パターン』より

32

最終的には、「そんな時期もあったね」と、
みんなの《楽しい記憶》になるように。

これまでとはかなり違う特殊な状況での暮らしが続いています。
新しいやり方で仕事や勉強をしたり、初めてのことをやることになったり。
やることがたくさんあり、ずっと急かされて追われているような気持ちになります。
家族と過ごす時間も、圧倒的に増えました。
長い時間一緒にいるからこそ、感情的になったり、ぶつかってしまったり。
こんな状況がいつまで続くのかもわからず、閉塞感で息苦しくなってしまいます。

それでも、これは**新しい日常**であり、今日一日も、この一週間も、ここ一ヶ月も、今年一年も、**人生の大切な一部**です。

そこで、将来振り返ったときに、「**そんなときもあったねぇ**」と笑顔で語りあえるような、みんなの**《楽しい記憶》になるように、暮らしをつくり、今を生きる**ことが大切です。

いつかこの状況が改善され、自由に外出でき、人に会い、ショッピングをし、集まって話したり、飲み明かしたりできる日がまた来るでしょう。
そのときに、家族や仲間内で、あるいは世のなかの人たちと、「**あの頃は、そんな状況だったねぇ**」と、**懐かしく語りあうことになるようなそんな日々**を、**私たちは今、生きていると考えてみましょう。**

「**とても不自由で大変な時期だったけれども、家族と長い時間過ごして、一緒にいろんなことをして、たくさん話して、思いがけず楽しい日々だったね。**」

最終的には、そうやって《楽しい記憶》になるように、今を生きるのです。

そうしていれば、この大変な状況を、人生を乱した特殊な空白時期とするのではなく、**自分たちにとってかけがえのない人生の一幕**だった、と言えるようになるでしょう。
たとえ特殊な状況であっても、限りある人生のなかの大切な一部であることは、変わりがないのです。

生きていると、良いことも悪いこともあります。

それらは、個人的に起きることもあれば、社会的に起きることもあります。

平坦な道ではなく、**起伏のある、そのときどきで特徴のある豊かな人生・時代を歩いているのです**。

その瞬間がどんな状況であれ、**どんなときにも希望を胸に、今を大切にし、前に歩みを進めていく**ことで、**幸せに生きる**ということが実現していきます。

普段とは違う、今の大変な状況のなかでの《**新しい旅**》にも、だいぶ慣れてきたのではないでしょうか。

やってみればなんとかなるものです。

ここからも、**無理をせず、自分らしく、自分たちの日々の世界をつくっていく**ことにしま

楽しい記憶
「一緒にやってよかった。」
それは、満足を超えた称賛になる。

しょう！

いつか《楽しい記憶》になる日まで。

《楽しい記憶》…『プロジェクト・デザイン・パターン』より

おわりに

本書では、新型コロナウィルスの影響下での、以前とは異なる不自由な状況のなかでも、少しでも幸せによりよく暮らしていくためのヒントを紹介してきました。日々、いろいろ大変なことばかりですが、それでも自分の、そして家族の人生の大切な一部だと思い、将来、**《楽しい記憶》**として思い出されるような、そんな幸せな日々にしていきたいものです。

本書が、そのような暮らしづくりの一助となれば、幸いです。

ぜひ、本書について、みなさんのご感想、実践エピソードなどもお寄せいただければと思います。kurashi@sfc.keio.ac.jp まで電子メールでお願いいたします。

本書で紹介したヒントは、慶應義塾大学ＳＦＣ（湘南藤沢キャンパス）井庭研究室と、僕が代表を務める株式会社クリエイティブシフトが、共同研究・共同開発パートナーとともに制作してきたパターン・ランゲージがもとになっています。

もとになったそれぞれのパターン・ランゲージについても、このあと巻末に情報を載せておきますので、ぜひそこから辿ってご覧いただければと思います。

パターン・ランゲージという方法そのものに興味をもっていただいた方は、書籍『パターン・ランゲージ――創造的な未来をつくるための言語』や『クリエイティブ・ラーニング――創造社会の学びと教育』も併せてご覧いただければと思います。

かっこいい装丁の本ですので、ぜひみなさんの《**自分の本棚**》のラインナップに加えていただければ幸いです。

本書では、パターン・ランゲージの専門的な見地から言っても、初めての新しい試みを行いました。

まず、一六種類の異なるパターン・ランゲージのなかから五八パターンを混ぜて組みあわせるという、「**パターン・ランゲージ・リミックス**」をしました。

また、もとの対象領域から離れて異なる領域に読み替える「**パターンの領域翻訳**」も行いました。

どちらも、本書を通じて、その可能性を感じることができました。僕としても、研究の観点で新しいチャレンジができ、この時代を《**まなびのチャンス**》にできたような気がします。

本書は、関東・関西・九州の七都府県に緊急事態宣言が出された二〇二〇年四月七日から書き下ろしを始め、noteで順次公開していった連載をもとに大幅に加筆・修正してまとめ直したものです。

ちょうどその一ヶ月ほど前に、イタリアでは作家パオロ・ジョルダーノがエッセイを書き、日本でも四月下旬に『コロナの時代の僕ら』（早川書房）として緊急出版されました。

その本のなかでジョルダーノは、「感染症とは、僕らのさまざまな関係を侵す病《やまい》だ」と言い表しました。

そして、日本語版に「著者あとがき」として収録された「コロナウィルスが過ぎたあとも、僕が忘れたくないこと」というエッセイでは、「僕は忘れたくない」という言葉を何度も繰り返しながら、当時の社会状況を印象的に描写しています。

僕は、ジョルダーノの「僕らのさまざまな関係を侵す病」ということと「僕は忘れたくない」ということに同意・共感しつつ、本書ではそれとは少し違う側面に光を当ててきました。「**身近な関係を紡《つむ》ぎ直す**」こと、そして、その日々を「**忘れられない思い出にする**」こと――本書では、それらのことを実現するための方法について考え提示してきました。

今のコロナの時代を、感染症に関係を侵された時代というだけでは終わらせず、**身近な人との関係を紡ぎ直した時代として過ごしていこう**、そして、社会で起きた出来事をこれからも忘れないというだけでなく、**忘れられないほどのかけがえのない人生の一部として生きて**

いこう。そういう思いと希望を持って、本書を書きました。
その意味で、本書は、非常事態下のイタリアで綴られた『コロナの時代の僕ら』に対する、ひとつのアンサーソングだと言うことができるでしょう。

最後に《**感謝のことば**》を。

本書で紹介したヒントのもとになったパターン・ランゲージを一緒につくったプロジェクト・メンバー、そして、本書の「わが家」の事例を一緒につくり実践してきた家族に感謝します。本書を書く時間がもてるように協力してくれたことにも、感謝します。ありがとう。

さらに、本書の出版の機会をいただいた晶文社の安藤 聡さんと、本書のイラストを描いてくれた原澤 香織さん、ブックデザインのアジールさんにも感謝いたします。ありがとうございました。

そして最後に、本書を読んでいただいたみなさん、どうもありがとうございました！

みなさんの毎日が、明るく楽しく、幸せを感じられるものになっていくことを祈っています。

井庭 崇

本書で紹介したヒントの出典情報

本書で紹介したヒントのもとの書籍やカード版の情報を紹介します。http://patternlanguage.jp のサイトに、入手先へのリンクや詳細情報が掲載されていますので、併せてご覧ください。

『旅のことば——認知症とともによりよく生きるためのヒント』

（慶應義塾大学 井庭研究室 × 認知症フレンドリージャパン・イニシアチブ 制作）

認知症のご本人やご家族が、認知症とともによりよく生きていくためのヒントを、四〇の言葉にまとめたものです。インタビューの結果、認知症であってもいきいきと前向きに過ごしている方々は、認知症とともに生きるという一種の「旅」のように、自分でよりよくしていこうとしているということがわかり、『旅のことば』という題名にしました。本書で読み替えて紹介したように、認知症の方だけでなく、現在の大変な状況において、よりよく生きていくことを考えるすべての人に役立つ考え・工夫がいろいろ収録されています。

【書籍】『旅のことば——認知症とともによりよく生きるためのヒント』（井庭 崇、岡田 誠 編著、慶應義塾大

学 井庭崇研究室、認知症フレンドリージャパン・イニシアチブ 著、丸善出版、二〇一五年）
【カード】「旅のことばカード（認知症とともによりよく生きるためのヒント・カード）」（クリエイティブシフト）
※二〇一五年度グッドデザイン賞受賞、オレンジアクト認知症フレンドリーアワード二〇一五大賞受賞、自立支援を目指した福祉製品を認定する川崎市の「川崎基準」認定（二〇一六年度）
［イラスト作成］鎌田 安里紗、松村 侑、井庭 崇

『日々の世界のつくりかた――自分らしく子育てしながら働くためのヒント』

（慶應義塾大学 井庭研究室 × 花王株式会社生活者研究センター 制作）

働くことと子育ての両立のためのヒントを三四の言葉にまとめたものです。それはそのまま、現在の状況における働くことと子育ての両立にも当てはまるので、本書でも多く紹介しました。
【ブックレットPDF】「日々の世界のつくりかた――自分らしく子育てしながら働くためのヒント」（花王株式会社のウェブサイトで公開中）
【楽曲】「日々の世界」（作詞＝真友ジーン＆井庭崇、作曲・歌＝真友ジーン）
［イラスト作成］高橋 佳歩、井庭 崇

『サバイバル・ランゲージ――大地震を生き抜くための知恵』

（慶應義塾大学 井庭研究室 × 大木聖子研究室 制作）

大地震への備えと、地震発生時の緊急行動、発生直後の行動についての心得が二〇の言葉にまとめられ

ています。家庭や学校等で、このカードを用いた対話をして、防災意識を高めていただければと思い、つくりました。本書では、備蓄について紹介しました。

【カード】「サバイバル・ランゲージ・カード（大地震を生き抜くための知恵）」（クリエイティブシフト）

［イラスト作成］原澤 香織

『コラボレーション・パターン――創造的コラボレーションのパターン・ランゲージ』

（慶應義塾大学 井庭研究室 制作）

メンバーが互いに高めあいながら成長し、チームで素晴らしい成果を生み出す「創造的コラボレーション」のコツを三四の言葉にまとめたものです。昨今の大変な状況において、これまでとは異なる暮らしを家族でつくるとか、これまでとは違うやり方で仕事をするというのは、一種の創造的コラボレーションと捉えることができます。よりよいチームワークのために、参考にしていただければと思います。

【ブックレット】「コラボレーション・パターン――創造的コラボレーションのパターン・ランゲージ」（クリエイティブシフト）

【カード】「コラボレーション・パターン・カード」（クリエイティブシフト）

［イラスト作成］原澤 香織、荒尾 林子、為房 彩乃、池田 優、井庭 崇

『アクティブ・ラーニング支援パターン』（ALP）

（株式会社クリエイティブシフト × 株式会社ベネッセコーポレーション 制作）

高校等で生徒たちの「アクティブ・ラーニング」（主体的・対話的で深い学び）を実現するために、教師はどうすればよいのかという秘訣を、四五の言葉にまとめたものです。このコツは、学校教育だけでなく、家庭教育においても今後ますます重要になってくるので、お子さんがいるすべての親御さんに見ていただきたいと思っています。

【カード】「アクティブ・ラーニング支援パターン・カード」（クリエイティブシフト）

［イラスト作成］井庭 崇

『探究パターン（創造的な探究のためのパターン・ランゲージ）』

（株式会社クリエイティブシフト × 株式会社ベネッセコーポレーション 制作）

高校の探究学習用に「探究」の実践のコツを三六の言葉にまとめたものです。課題を設定し、情報を収集し、分析・考察して、まとめる――そのような探究に主体的に取り組むことを支援します。現在の刻々と変化する状況のなかで、私たちも情報を収集し、分析し、自分（たち）なりの意思決定をしています。これは、一種の「探究」活動だということができます。その意味で、お子さんの探究学習の支援だけでなく、大人のみなさんの答えのない問いに向きあうコツとして参考にしていただければと思います。

【カード】「探究パターン・カード」（クリエイティブシフト）

［イラスト作成］井庭 崇

『ラーニング・パターン――創造的な学びのパターン・ランゲージ』

（慶應義塾大学 井庭研究室 制作）

創造的な学びの秘訣を四〇の言葉にまとめたものです。教えられて覚えるというような学びではなく、自らつくったり、実践したりするなかで学んでいく「クリエイティブ・ラーニング」の秘訣です。現在、新しい状況に対して、大人も子どもも、試行錯誤の試み・実践のなかで学んでいるので、ここで紹介されている学びの秘訣は参考になるはずです。

【ブックレット】「ラーニング・パターン――創造的な学びのパターン・ランゲージ」（クリエイティブシフト）

【カード】「ラーニング・パターン・カード」（クリエイティブシフト）

［イラスト作成］三宅 桐子、井庭 崇

『Life with Reading ――読書の秘訣（創造的読書のパターン・ランゲージ）』

（慶應義塾大学 井庭研究室 × 株式会社有隣堂 制作）

読書支援の新しいアプローチとして、読書のコツや楽しみ方を二七の言葉にまとめたものです。読書がよりよく実践できるコツを表す「読書のコツ」、生活のなかで読書をより楽しむための「読書の楽しみ方」、そして、これからの時代における読書のあり方として「創造的読書」（クリエイティブ・リーディング）で構成されています。家で過ごす時間が増えたこの機会に、本の読み方・楽しみ方をアップデートするのはいかがでしょうか？

【カード】「Life with Reading ——読書の秘訣カード」（株式会社有隣堂）
［イラスト作成］井庭 崇

『感性科学マーケティング・パターン——実践・習得のコツのことば』（オラクルひと・しくみ研究所 × 株式会社クリエイティブシフト）

ワクワク系マーケティング実践会を主宰する小阪裕司氏の感性科学マーケティングの考え方と実践のコツを四〇の言葉にまとめたものです。商い・ビジネスにおいて「心が動く働きかけをする」・「特別な存在になる」ということについて、「実践しながら学ぶ」・「仲間とともに理解を深める」ためのコツがまとめられています。人々の動きが変わり、商売・経営がきわめて厳しい状況であるからこそ、商い・ビジネスのあり方を根本から見直してみるのは重要だと思われます。

【ブックレット】「感性科学マーケティング・パターン——実践・習得のコツのことば」（オラクルひと・しくみ研究所）
【カード】「感性科学マーケティング・パターン・カード」（オラクルひと・しくみ研究所）
［イラスト作成］井庭 崇

『クッキング・パターン』（慶應義塾大学 井庭研究室 × クックパッド株式会社 制作）

料理のコツと、料理を楽しむ生活のコツをまとめたものです。家で食べることが増えたので、趣味と実益を兼ねて、料理の腕を上げてみるのはいかがでしょうか？
【書籍】『Cooking Patterns: A Pattern Language for Cooking in Everyday Life』(Takashi Iba, Ayaka Yoshikawa, Yuma Akado, Shiori Shibata, will be published in 2020)
［イラスト作成］赤土 由真、櫻庭 里嘉、井庭 崇

『プロジェクト・デザイン・パターン――企画・プロデュース・新規事業に携わる人のための企画のコツ32』

（慶應義塾大学 井庭研究室 × UDS株式会社 制作）

プロジェクト・デザインの根幹となる「企画」のコツが三二の言葉でまとめられています。家庭内での企画や、オンラインでの友人・同僚との企画に活かすとともに、創造的に暮らすための秘訣の参考に、どうぞ。
【書籍】『プロジェクト・デザイン・パターン――企画・プロデュース・新規事業に携わる人のための企画のコツ32』（井庭崇、梶原文生、翔泳社、二〇一六年）
【カード】「プロジェクト・デザイン・パターン・カード」（クリエイティブシフト）
［イラスト作成］原澤 香織

『対話のことば――オープンダイアローグに学ぶ問題解消のための対話の心得』

（慶應義塾大学 井庭研究室 制作）

対話の心得を三〇の言葉にまとめたものです。「オープンダイアローグ」という、フィンランド生まれのセラピーにおける対話の考え方を、日常生活に活かすことができるようにまとめてあります。この心得の言葉をきっかけとして、自分たちの対話のあり方を見直し、よりよく改善していくことができます。こういう大変な状況だからこそ、人間関係で重要となる対話力を高め、家族や友人、同僚、近所の方たちと、よりよい関係を築いていくことに活かしていただければ幸いです。

【書籍】『対話のことば――オープンダイアローグに学ぶ問題解消のための対話の心得』（井庭 崇、長井 雅史、丸善出版、二〇一八年）

【カード】「対話のことばカード（オープンダイアローグに学ぶ問題解消のための対話の心得カード）」（クリエイティブシフト）

［イラスト作成］井庭 崇

『おもてなしデザイン・パターン――インバウンド時代を生き抜くための「創造的おもてなし」の心得28』

（慶應義塾大学 井庭研究室 × UDS株式会社 制作）

伝統的な「おもてなし」に加えて、自らクリエイティビティを発揮してもてなすという「創造的おもてなし」の秘訣を二八の言葉にまとめたものです。自分たちのおもてなしのあり方を考え、磨いていったり、自己分析をして次の一歩を考えていったりすることができます。こんな状況だからこそ、おもてなし力を高め、家族の心地よさを生み、よりよい関係を築くために活用してください。

【書籍】『おもてなしデザイン・パターン——インバウンド時代を生き抜くための「創造的おもてなし」の心得28』（井庭 崇、中川 敬文、翔泳社、二〇一九年）

【カード】「おもてなしデザイン・パターン・カード」（クリエイティブシフト）

［イラスト作成］原澤 香織

『園づくりのことば——保育をつなぐミドルリーダーの秘訣』

（慶應義塾大学 井庭研究室 × 東京大学 発達保育実践政策学センター 制作）

保育園・幼稚園・認定こども園のミドルリーダー（主任や副園長）が、担当保育者たちの成長の支援をしながらマネジメントするための秘訣を二七の言葉にまとめたものです。ここで紹介されているミドルリーダーの秘訣は、家庭における家事の分担などにも役立てることができます。この状況をひとつの機会として、よりよい関わり方・関係性を育んでいくことができるとよいですね。

【書籍】『園づくりのことば——保育をつなぐミドルリーダーの秘訣』（井庭 崇、秋田 喜代美 編著、野澤 祥子、天野 美和子、宮田 まり子 著、丸善出版、二〇一九年）

【カード】「園づくりのことばカード（保育をつなぐミドルリーダーの秘訣）」（クリエイティブシフト）

［イラスト作成］野崎 琴未、宗像 このみ、新田 莉生、佐野 ちあき、井庭 崇

『プレゼンテーション・パターン――創造を誘発する表現のヒント』

（慶應義塾大学 井庭研究室 制作）

人を動かす創造的プレゼンテーションの秘訣を三四の言葉にまとめたものです。オンラインでのつながりが多くなったからこそ、どのように伝えるか、ということが、また重要になってきています。改めて、伝え方について考えてみませんか？

【書籍】『プレゼンテーション・パターン――創造を誘発する表現のヒント』（井庭崇＋井庭研究室、慶應義塾大学出版会、二〇一三年）

【ブックレット】「プレゼンテーション・パターン――創造的プレゼンテーションのパターン・ランゲージ」（クリエイティブシフト）

【カード】「プレゼンテーション・パターン・カード」（クリエイティブシフト）

※二〇一三年度グッドデザイン賞受賞

［イラスト作成］原澤 香織、荒尾 林子、井庭 崇

『ミラパタ（未来の自分をつくる場所――進路を考えるためのパターン・ランゲージ）』

（株式会社クリエイティブシフト × 学校法人 河合塾 制作）

ワクワクできる進路を考えるためのヒントが二七の言葉にまとめられています。進路選択の根本は「自分の生き方、それを実現する場所を考える」ことです。いわゆる進学や就職だけでなく、これからどのように生きていくのかを考えるためにも、活用していただければと思います。

【ブックレット】「ミラパタ（未来の自分をつくる場所――進路を考えるためのパターン・ランゲージ）」（クリエイティブシフト）
【カード】「ミラパタ（未来の自分をつくる場所――進路を考えるためのパターン・ランゲージ）カード」（クリエイティブシフト）
［イラスト作成］井庭 崇

最後に、パターン・ランゲージについて、いろいろな面から紹介・解説している書籍も挙げておきます。

『パターン・ランゲージ――創造的な未来をつくるための言語』（井庭 崇 編著、中埜 博、江渡 浩一郎、中西 泰人、竹中平蔵、羽生田 栄一 著、慶應義塾大学出版会、二〇一三年）
『クリエイティブ・ラーニング――創造社会の学びと教育』（井庭 崇 編著、鈴木 寛、岩瀬 直樹、今井 むつみ、市川 力 著、慶應義塾大学出版会、二〇一九年）

著者について

井庭 崇（いば・たかし）
1974年生まれ。慶應義塾大学総合政策学部教授。博士（政策・メディア）。慶應義塾大学クリエイティブ・ラーニング・ラボ代表、株式会社クリエイティブシフト代表、パターン・ランゲージの国際学術機関 The Hillside Group 理事、および、一般社団法人みつかる＋わかる理事。専門は、創造実践学、パターン・ランゲージ。情報社会の次の社会ヴィジョンとして「創造社会」を掲げ、一人ひとりが日常的な創造性を発揮しながら「ナチュラルにクリエイティブに生きる」ことを支援する実践研究に取り組んでいる。著書に、『クリエイティブ・ラーニング：創造社会の学びと教育』、『パターン・ランゲージ：創造的な未来をつくるための言語』、『社会システム理論：不透明な社会を捉える知の技法』、『プレゼンテーション・パターン』（慶應義塾大学出版会）、『対話のことば』、『旅のことば：認知症とともによりよく生きるためのヒント』、『園づくりのことば』（丸善出版）、『プロジェクト・デザイン・パターン』、『おもてなしデザイン・パターン』（翔泳社）、『複雑系入門』（NTT出版）等。NHK Eテレ「スーパープレゼンテーション」では初期にレギュラー解説者を担当。

コロナの時代《じだい》の暮《く》らしのヒント

2020年9月30日　初版

著　者　井庭 崇
発行者　株式会社晶文社
東京都千代田区神田神保町1-11 〒101-0051
電　話　03-3518-4940（代表）・4942（編集）
URL　http://www.shobunsha.co.jp
印刷・製本　株式会社太平印刷社

© Takashi IBA 2020

ISBN978-4-7949-7191-3　Printed in Japan

JCOPY 〈(社) 出版者著作権管理機構 委託出版物〉
本書の無断複写は著作権法上での例外を除き禁じられています。複写される場合は、そのつど事前に、(社)出版者著作権管理機構（TEL:03-5244-5088 FAX:03-5244-5089 e-mail:info@jcopy.or.jp）の許諾を得てください。

〈検印廃止〉落丁・乱丁本はお取替えいたします。

好評発売中

身体的生活　佐藤友亮

結婚、進学、就職…未来を完全には予測できないことがらや、あらかじめ正解がない問題と向き合うとき、どうしたら合理的な判断ができるのか。そのよりどころとなるのが身体感覚。心理学者・チクセントミハイの「フロー理論」の解説を通じて、身体の感覚を磨き、豊かな人生を送るための知恵を伝える思索的エッセイ。

新装版　月３万円ビジネス　藤村靖之

「発明起業塾」を主宰する著者が提案する、すくなく愉しく働いて、いっぱい幸せになる方法。月3万円稼げる仕事の複業、地方で持続的に経済が循環する仕事づくり、「奪い合い」ではなく「分かち合い」など、真の豊かさを実現するための考え方とその実例を紹介。2011年刊行のロングセラーを新装復刊。

５歳からの哲学　ベリーズ＆モラグ・ゴート／高月訳

現役の小学校教諭と大学哲学教授が書いた、5歳から上の子どもたちに哲学の手ほどきをする本。哲学を学んだ経験がなくても心配は無用。作業の第一歩は、まず子どもたちに哲学的な議論をするチャンスを与え、その議論に集中させること。本書のプランに従って、親と子、先生と子どもたち、いっしょに哲学を楽しもう。

しょぼい生活革命　内田樹・えらいてんちょう

ほんとうに新しいものは、いつも思いがけないところからやってくる！　仕事、結婚、家族、教育、福祉、共同体…。私たちをとりまく「あたりまえ」を刷新する、新しくも懐かしい生活実践の提案。世界を変えるには、まず自分の生活を変えること。熟達の武道家から若き起業家へ、世代間の隔絶を越えて渡す生き方革命のバトン。

マイパブリックとグランドレベル　田中元子

グランドレベルは、パブリックとプライベートの交差点。そこが活性化するとまちは面白く元気になる。欲しい「公共」は、マイパブリックの精神で自分でつくっちゃえ。まちを元気にするアイデア満載。コペンハーゲン、ポートランド、台北などの先進事例も多数紹介。「建築コミュニケーター」の、新感覚まちづくり奮戦記。

ありのままがあるところ　福森伸

できないことは、しなくていい。クラフトやアート作品、音楽活動が高く評価され、世界から注目を集める鹿児島県の知的障がい者施設「しょうぶ学園」。そのユニークな考え方と実践を紹介。人が真に能力を発揮し、のびのびと過ごすために必要なこととは？　改めて「本来の生きる姿」とは何かを問い直す。